キャロル・マッジオ
大杉みつえ 監訳

# The New Facercise
## Carole Maggio

**1週間で
メリハリある小顔になる！
若返る！**

# フェイササイズ
自分でできるフェイシャル・エクササイズ

KKベストセラーズ

# CONTENTS

| Introduction | フェイササイズとは？ | 7 |

## Chapter ❶ 顔をシェイプアップしましょう — 10

- ＊外見の美しさは重要です　　10
- ＊リンパ・ドレナージュの限界　　11
- ＊フェイササイズの発見　　14
- ＊フェイササイズの効果　　16
- ＊美容整形手術の限界　　17
- ＊フェイササイズは万能の魔法　　19
- ＊手軽にできるフェイササイズ　　21
- ＊写真を撮りましょう　　21

## Chapter ❷ フェイササイズが効果的なわけ — 23

- ＊運動生理学的裏付け　　23
- ＊フェイササイズはここがユニーク　　25
- ＊フェイササイズの前と後　　27

## Chapter ③ 自分の顔と向き合いましょう ── 29

* 自分の顔の特徴をきちんと知る　29
* 自分の顔を客観的に評価する　30
* シワについて　32
* 遺伝的特徴も改善できる　33
* 1週間のフェイササイズでこんなに変わる!　34
* 老化のサイン　38
* 顔の欠点チェックリスト　40

## Chapter ④ 顔と首の筋肉を知っておきましょう ── 42

* 筋肉の位置と名称、機能について　42
* 頭部の筋肉　44
* 口のまわりの筋肉　44
* 鼻の筋肉　47
* あごの筋肉　47
* 目のまわりの筋肉　48
* 首の筋肉　49
* 耳のまわりの筋肉　49
* 準備はいいですか？　50

## Chapter ❺  14の基本フェイササイズ —————— 51

＊その前に… 51
＊エクササイズを成功させるための4つのヒント 52

| | | |
|---|---|---|
| **Exercise. 1** | 目を大きくする | 54 |
| **Exercise. 2** | 下まぶたにハリを与える | 56 |
| **Exercise. 3** | 額のシワを取る | 58 |
| **Exercise. 4** | 頬を高くする | 60 |
| **Exercise. 5** | 顔を生き生きさせる | 62 |
| **Exercise. 6** | 鼻の形を整える | 64 |
| **Exercise. 7** | 口角を上げる | 66 |
| **Exercise. 8** | 唇の形を整える | 68 |
| **Exercise. 9** | 口元のシワを取る | 70 |
| **Exercise.10** | 首にハリを与える | 72 |
| **Exercise.11** | あごにハリを与える | 74 |
| **Exercise.12** | 顔をふっくらとさせる | 76 |
| **Exercise.13** | 小顔にする | 78 |
| **Exercise.14** | 首とあご先を引き締める | 80 |

## Chapter 6　9つのプログレッシブ・フェイササイズ —— 82

＊あなたに合った次のステップへ　　82

| Exercise. 1 | 目の下のたるみをなくす | 84 |
| Exercise. 2 | 目をパッチリさせる | 86 |
| Exercise. 3 | 頬を上げる | 88 |
| Exercise. 4 | 唇をふっくらとさせる | 90 |
| Exercise. 5 | 口角を引き締める | 92 |
| Exercise. 6 | 口元にハリを与える | 94 |
| Exercise. 7 | 下まぶたを引き締める | 96 |
| Exercise. 8 | フェイスラインをはっきりさせる | 98 |
| Exercise. 9 | 唇をくっきりさせる | 100 |

## Chapter 7　知っておきたいスキンケアのポイント —— 102

＊皮膚の特性　　102
＊皮膚の保護　　104
＊水をたくさん飲みましょう　　105
＊身体に必要な栄養素　　105
＊老化防止のサプリメント　　107
＊エクササイズと深呼吸　　109
＊スキンケアの基礎　　110
＊スキンケアの秘密　　111
＊日焼けによるダメージ　　114

## Chapter 8　おわりに —— 116

監訳者あとがき　　118

The New Facercise by Carole Maggio
Copyright © Carole Maggio Facercise, Inc.2002
Photographs © Ed Ouellette 2002
Carole Maggio Facercise is a registered trademark
Japanese translation rights arranged with Pan Macmillan, London
through Tuttle-Mori Agency, Inc., Tokyo

本書のエクササイズ・プログラムには慎重を期しておりますが、フェイササイズのプログラムを開始するにあたっては専門医とのご相談をおすすめします。本書掲載の情報の誤用による悪影響については、著者および出版社はいかなる責任も負いません。

# Introduction

## 【はじめに】
## フェイササイズとは？

　美しい女性には共通点があります。肌の美しさや整った顔立ちなどではありません。それは、自分の持っているものを最大限によく見せるように努力をしている、ということです。文筆家カール・クラウスがこう書いています。「みんながみんな美人なわけではない──しかし美しく見える人がいる」。生まれつき恵まれた容姿の人もいますが、そうでない人は努力が必要です。不公平な話ですが、それが現実です。

　自分の思いどおりになることばかりではありません。しかし、努力をしようという気持ちがあれば、自分の外見や心の状態はコントロールすることができるのです。フェイササイズは、あなたを美しく元気にします。あなたの顔の魅力が引き出され、自分に自信が持てるようになります。健康ではつらつとして若々しく見えるかどうかが、これからの人生に大きく影響を及ぼすということを、ぜひ覚えておいてください。

　若々しい外見は、人生を楽しむためには欠くことのできないものです。医療の分野では人間の寿命を延ばすための研究が続けられているのですから、その長くなった人生を大いに楽しむべきではないでしょうか。どうせ長生きするのなら、できるだけ美しくあるべきです。たるんでシワだらけの老けた顔になりたい人なんているでしょうか。美しく年齢を重ねていきたいとだれもが思っているはずです。

私は1983年以来、世界各国で何十万人という人たちにフェイササイズをお教えしてご好評をいただいてきました。このエクササイズの開発段階では、美容外科医や皮膚科医、理学療法士など、世界中の専門家に意見を求め、安全性や効果を確かめました。フェイササイズはあなたの顔に若さを取り戻し、さらにその若さを保ってくれます。

　じっくりと根気よくフェイササイズのプログラムを続けていくと、顔の筋肉が鍛えられて引き締まってきます。すると顔立ちがくっきりしてきて、若く見えるのです。フェイササイズをすれば、ボトックスやコラーゲン注入、メスやレーザーなどといった外科的な手段に頼らなくても、シワが消えて若さを取り戻すことができます。

　プログラムどおりに実行すれば、スポーツジムで筋力トレーニングの方法を教えてもらうのと同様に、顔の筋肉のエクササイズ方法を体得することができます。ボディビルダーは身体の特定の筋肉を意識して重点的に鍛えますが、これと同じことが顔の筋肉でもできるのでしょうか？——もちろんできます。身体と同じように、顔の筋肉も部分的に鍛えることができるのです。顔の筋肉は小さいのでそれぞれの筋肉を意識しやすく、短期間でまさに驚くような効果をあげることができるのです。

　トニ・アンダーソンは「イヤならやらない——それが私のエクササイズ哲学」なんていっていましたが、そんな言葉をうのみにしないでください。無からは何も生まれないことはみなさんご存じでしょう。ほしいものを手に入れるためには努力が必要なのです。努力には苦労がつきものだということもご存じのはず。必要なのは「やる気」です。やる気があれば苦労も乗り越えられます。

　フェイササイズはお金もかかりませんし、苦痛が伴うこともなく、その効果は長く持続します。自分の顔をコントロールして若さを取り戻す方法で、美容整形のような出費や傷跡、痛みとは無縁、回復に時間がかかることもありません。いわば、あなた自身が美容外科医になって、毎日自分に施術するようなもの。ゆっくりと少しずつ自分の顔を整えていきます。フェイササイズは一度で完了するものではなく、ずっと続けながら少しずつ修復していく作業なのです。

フェイササイズならどれも寝ころんだままできるものばかりですから、気軽にやってみてください。なによりも、忍耐強く続けることが大切です。ローマは１日にしてならず。説明のとおりにエクササイズを続けていれば、その効果は週ごとに、月ごとに、年ごとに現れて、やがてずっと効果が持続するようになります。「若々しく生まれ変わったあなた」に対するまわりの反応に、きっと心が躍ることでしょう。つまり、この本はあなたの人生を変えるのです──必ず変わります！

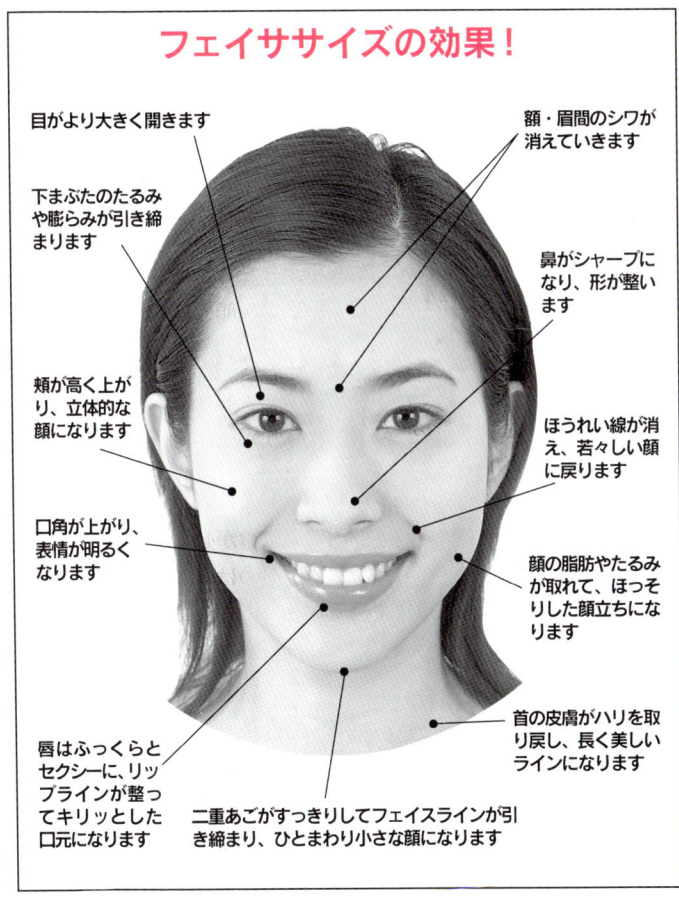

# Chapter 1

*Shape your face*

# 顔をシェイプアップしましょう

## ●外見の美しさは重要です

　外見の美しさは気持ちを明るくし、それが充実した生活につながる、と私はつねづね感じています。しかし、美しくあることはそう簡単ではありません。まわりは美容の敵だらけ──老化を促す紫外線も、日々口にする食品もそうです。自然環境と時間経過という2つの大きな敵に立ち向かわなければならないのです。

　そのうえ、うんざりするような統計結果があります。最近の調査で、成人の95パーセントが、人を評価するときに顔の印象が大きな判断要素になると答えているのです。さらに男性は、自分のパートナーに対して、身体の若さよりも顔の若さを望んでいる人が圧倒的多数を占めているのです。美しさに対するこだわりが高まっている今の風潮を考えると、こうした統計結果もさほど驚くべきものではないでしょう。美しさを重視する人がこれほど高い割合を占めているのなら、だれもが自分の顔の手入れを最優先事項にしているだろうと考えるかもしれません。しかし、実はそうではないのです。

　ありがたいことに、美しさは、ほんのちょっとした方法で可能になります。何をどうすべきかに注意を払うだけでいいのです。そう、必要なのはエクササイズ。昔の人々は、厳しい生活のなかで肉体労働が必要だったために、さまざまな形で身体を動かしていました。否応なくエクササイズをしていたわけです。今では、私たちの生活

は肉体的には楽になって寿命が長くなりましたが、自分の身体を、とりわけ顔をきちんと鍛えている人はあまりいません。

### ●リンパ・ドレナージュの限界

　美しさを追求する方法はいろいろあるといわれています。私はずっと自分のルックスを気にしてきましたし、他の女性たちの外見にもとても関心があります。みんなそれぞれに違った個性があるので、心惹かれるのです。自分の魅力を最大限にアピールできていることを自覚している女性の表情は、明らかに違っています。カリフォルニアでは、そんな女性のことを「自分の勝ちを知っている」といいます。

　私に美容への興味が芽生えたのは大学時代のことでした。キャンパス内で寮生活を送っていたのですが、同じ階に住む女の子たちが私の部屋にやってきては、ヘアメイクを手伝ってほしいというのです。いろんなヘアスタイルやメイクを試したり、服を着替えたりし

て、その変身ぶりに私は目を見張るばかりでした。週末の夜、デートに出かける彼女たちは、外見だけでなく、自信もレベルアップしていました。こうして見違えるほどに変身した女性たちを見ていると、とてもわくわくして、こっちまで元気になってくるのです。

大学を卒業したあと、結婚して家庭を持ち、私は不動産のセールスの仕事を始めました。仕事は順調でしたが、美容に対する興味が薄れることはありませんでした。顔と心の状態が、その女性の持って生まれたものをさらに美しく変えるのだ、という考えをずっと持ち続けていました。自分の手で女友だちの魅力を引き出せることができた経験が心に残っていた私は、独学で勉強を始め、やがてだんだん本格的な研究になっていきました。時間を見つけては、美容関連の雑誌から、医学書や専門誌まであらゆるものに目を通しました。最新の美容技術で第一人者といわれるような著名な医師には、相手がどこの国の人であろうと電話をして、その技術の内容について質問をしました。

リサーチが進むにつれて、ますます厚くなっていく資料ファイルの束。この分野についてはだれよりも詳しいと胸を張っていえるようになった私は、思い切ってさらに大きな目標に向かって進むことにしました。エステティシャンの資格を取るために必要な講義を受け、資格が認定されるとすぐにキャリアを方向転換したのです。不動産のセールスをやめて、カリフォルニア州モンテレーでスキンケア・クリニックを開業したのです。1981年のことでした。

ちょうどその頃、私自身も女性の最大の敵と闘うことになります。その敵とは、肌の老化と小ジワ。若い頃、日焼けをしてきれいに見せようと、照りつけるアリゾナの太陽に身をさらし続けた結果です。私が悩んでいるのだから、きっと他の女性たちも同じ悩みを抱えているだろうと思いました。

クリニックはとても好調で、さまざまな女性たちに数多く接することができ、貴重な体験をさせてもらいました。女性の顔というのは、その人の習慣、感情の変遷、心の状態を如実に映し出す鏡です。その人の顔を見れば、専門家の目には手に取るようにわかります。私はクライアントの女性たちに、その人ならではの美しさを引き出

す方法を教えていました。

　そんな私が、鏡に映った自分を見て、母と見間違えたことが何度かあったのです。鏡の中の私はピリピリしていて、いかめしい表情で、疲れていました。緊張してぎゅっときつく閉じた口元。まるであらゆる悩み事を背負い込んでいるかのよう——事実そうだったのです。私は、自分の顔に刻まれた感情の跡をやわらげることができるだろうか、こわばった表情をときほぐすことができるだろうかと考えました。自分の顔でそれができれば、クライアントにも教えてあげられます。

　クリニックでは、自分の知っている美容の秘訣をすべて実践していました。クライアントのために、さらにもっと新しい役立つヒントはないかと、さまざまな文献を読みあさり、情報収集にも余念がありませんでした。幸い、クリニックには優秀な人材が揃っていたので、留守を任せて世界各国へ出かけ、美容専門家たちと会って勉強し、最新のアンチ・エイジング技術に関する知識を得ることができました。

　その技術の一つが「リンパ・ドレナージュ」という方法で、ジェラルド・スナイダー博士の教えのもと、そのハンドマッサージ・テクニックを体得しました。このマッサージは、目の下やあごのラインの下のむくみを解消することができ、一時的に顔を引き締める効果があるもので、施術すると、とたんに肌が引き締まって血行がよくなり、まるでフェイスリフト（顔のシワ取り手術）を受けたかのような即効性があります。しかし残念ながら、その効果は短時間しか持続しません。

　私のクリニックでは美顔のためのさまざまな機械を揃えていましたが、クライアントにはある程度の効果しか与えられませんでした。機械では、鼻を短くしたり、唇をくっきりと豊かにしたり、やつれた顔をふっくらさせることはできないのです。単調で時間がかかるうえに、クライアントにしてみれば何度も通わなければならず、お金もかかるし面倒なはず。それでも、全体的にみればクリニックは盛況で、クライアントはきれいになって喜んでくれていて、私も充実感を味わっていました。

### ●フェイササイズの発見

しかし、私自身の闘いはそう甘くはありませんでした。当時私は36歳。16歳年上の夫（今では元夫）に、あるとき何気なく、顔のシワのせいで歳よりも老けて見える、といわれました。そのときは一瞬むっとしましたが、あとでじっくり考えてみたのです。彼の言葉に傷つきましたが、確かにそのとおりだと納得しました。

私がクリニックでおこなっているマッサージは、自宅でできるようなものではありません。非常に特別なテクニックなので、クリニックの他のスタッフも私と同じようにはできないのです。私は自分でいろんなスキンケア方法を試してみましたが、何をしても顔のシワは消えません。そのとき思いました。これまでにないような何か新しい方法を、画期的な美容法を開発しなければ、と。

私は有資格エステティシャンですから、知識として顔には57の筋肉があるということは知っていました。腹筋運動でおなかを鍛えるのと同じように、顔の皮下組織を引き締めて整えるテクニックを開発しようと思い立ちました。これができれば、シワは消えて、肌はハリを取り戻し、フェイスリフトと同じ効果が期待できるはず。しかもメスも麻酔もなしで、苦痛もなく美しくなれるだろうと考えました。

運動を繰り返すことで筋肉が発達するのはわかっていましたから、文献や記事を読み、フェイシャル・エクササイズに関するあらゆる情報を集めました。そのなかで目に留まったのは、歳をとると顔の脂肪が自然に減少するという事実。この脂肪の減少が、やつれてぎすぎすした顔になってしまう原因でした。もし顔の筋肉を鍛えることができれば、脂肪が徐々に減っていくのを喰い止めることができないにしても、せめて見た目にもっと弾力があって若々しく、ふっくらとした顔になれるのではないか——。

このときすでに私の顔はやつれて、日に日にひどくなっているような感じでしたから、まさにこれだと思いました。顔の解剖学を勉強し、それぞれの筋肉の機能について研究をしました。運動理論の文献を読み、自分で実験をし、顔のおもな筋肉をそれぞれ独立して

動かせるようになるまで試しました。こうして試行錯誤を繰り返しながら、フェイシャル・エクササイズの方法を考案していったのです。求めているのは、フェイスラインをソフトな印象にし、シワを消して、こけた頬をふっくらと、目をパッチリと大きくしてくれるような方法です。

　自分の顔を実験台にして研究していたのですが、この個人的な実験についてはまだだれにも、クリニックのスタッフにも話していませんでした。とにかく今の自分の顔をなんとかする方法を見つけたいという、ただそれだけだったのです。

　しかしある日、クリニックの常連の女性が、私に近づいてきてこういいました。「ずいぶん若くなったように見えるけれど、いったい何をなさってるの？」。私は驚いて言葉が出ませんでした。自分ではそんなに変わったなんて気づいていなかったのです。さらに彼女は「前よりも肌の色つやがいいし、目もパッチリとして、瞳のブルーが濃くなったみたい」ともいってくれました。

　私は、実はフェイシャル・エクササイズの方法を考案中なのだと打ち明けました。トレーナーの指導で身体の筋肉をエクササイズするのと同じように、顔の筋肉もエクササイズできないかと研究しているのだと。その人は、短期間で私の顔が変わったことに驚き、その秘密を打ち明けてくれてうれしいといってくれました。そして私は「まだちゃんとしたトレーニング・プログラムが完成していないし、自分に効果があったからといって他の人にも効くかどうかはわからないけれど」と断ったうえで、彼女にもとりあえず実験的に試してもらうことにしたのです。

　1日22分間のプログラムを5日間やってもらいました。そして6日目にポラロイドカメラで彼女の顔を撮影し、翌日、3年前に撮ったという写真を持ってきてもらって、見比べたのです。二人ともあ然としました。3年前の写真よりも眉がきりっと上がって、そのため目が大きく見え、頬も高くなってふっくらと丸みを帯び、幅広ぎみだった顔がすっきりと細くなって、上唇のシワは薄くなっていました。あごから首はすっきりとして、首まわりの肌のたるみが軽減されているのは明らかでした。何歳も若返って見えます。

私はもう有頂天──もちろん彼女もです。ほんのわずかな期間で、彼女は若さを保つテクニックを体得しました。しかもこれから一生、自分でできるのです。

　彼女は興奮冷めやらぬようすで、大絶賛してくれました。そしてこれからもずっとこのエクササイズを続けるといってくれました。私も感激して、その気持ちを伝え、さらにこういいました。「この結果を出したのは、私ではなく、あなた自身なのよ」と。確かに私はやり方を教えましたが、エクササイズを実行してこれだけの効果をあげたのは彼女自身です。エクササイズは効果がありますが、その効果を得るには本人の努力が必要なのです。

## ●フェイササイズの効果

　私のフェイシャル・エクササイズの効果のうわさは、瞬く間に広がりました。そして、さまざまな年齢層の大勢のクライアントに試してもらううちに、年齢差による顔の違いについてさらに知識を深めることができました。筋肉を動かすことによって、どのようにして顔に生気が戻り、引き締まってハリが出てくるのか、そのようすを観察して研究を重ねました。

　やがて全米各地でセミナーや講座を開くようになり、さまざまな肌タイプや顔立ちの人、さらには顔面麻痺や顎関節症（がくかんせつしょう）などの疾患、先天的障害、病気や事故の後遺症で悩んでいる人たちにも、エクササイズを紹介してきました。

　眉を上げて目を大きくはっきりと、鼻をシャープに、唇はふっくらと、上唇のまわりのシワを消し、頬にはハリをもたせて、幅広の顔はすっきり細く、反対にやつれてこけた顔はふっくらと、またあごから首にかけてはすっきりと引き締める──そのためにはどうすればよいのかを指導してきました。こうしたこれまでの経験から、年齢や骨格、肌質に関係なく、その人に合ったフェイシャル・エクササイズを実行することによって、どんなタイプの顔でも若さを保つ効果を引き出すことができると実感しています。

　こうして「フェイササイズ」が誕生したのです。その効果が評判になり、中南米、中東、ヨーロッパからアジアまで出かけてセミナ

ーをするようになりました。今では、私の考案したフェイササイズを実行して、実年齢よりもずっと若く見えるクライアントが、世界中に大勢います。

### ●美容整形手術の限界

　仕事の範囲が広がって忙しくなりましたが、私は美容外科手術の利害についてもリサーチを始めました。成功例も失敗例も含めて、美容整形を受けた何千人ものクライアントを私は見てきました。美容整形は、成功すれば若返って見え、イメージアップできて、自信をもたらします。しかし、万人向けの解決法とはいえません。

　歳をとると、顔の皮膚の下にある骨や筋肉、脂肪が減っていき、それと同時に、肌の弾力性が失われて、皮下組織との間にすき間ができてきます。これは自然現象で、避けようのないことです。手術で顔の皮膚を引っ張ってハリを回復させることはできますが、シワやたるみをもたらす自然現象は容赦なく進行しています。そして、

やがてはまた手術前にあったのと同じようにシワやたるみが現れるのです。一般のフェイスリフトの持続効果は5〜7年といわれています。そうです、永久的な治療法ではないのです。

いったん美容整形を受けると、そのあと何度も手術を繰り返すことになる人が多くいます。確かに、フェイスリフトは老けてやつれた顔を見事によみがえらせてくれる場合もあります。少し老けてきたなと感じさせるようなテレビタレントや映画スターを注意して見てみてください。おそらく美容整形を受けています。

美容整形は、顔の老化の原因を解決するのではなく、表面的な症状を解消しようとする方法です。一方、フェイササイズは、老化の原因そのものに働きかけるもので、その効果は自然で長期間持続します。

そもそも、技術的にうまい美容外科医は多いけれど、美的センスのある人はなかなかいません。美容整形でいい結果を望むのなら、まずは手術結果に満足している体験者の話を聞き、その医師が執刀した患者の手術前と手術後の写真を見せてもらいましょう。でも覚えておいてください。あなたが目にするのは成功例だけです。

私は22歳のときに鼻を整形して失敗しました。片側の小鼻にくぼみが残り、鼻の先が長すぎて見える結果となりました。手術にはけっこうな費用がかかりましたし、痛みがしばらく続き、回復にも時間がかかり、そのうえ手術前の鼻のほうがまだましだったのです。無惨な結果に何度涙を流したことか。

ところが、フェイササイズを何か月か続けていくうちに、鼻の先は短くなり、くぼみも目立たなくなってきたのです。鼻を整形すると、まるでその人の鼻ではないかのように見えることがよくあります。顔になじんでいなくて、なんだか浮いて見えるのです。でもフェイササイズをすると、血液の循環がよくなって、やがて顔にしっくりとなじんできます。

かつて美容整形を受けた私のクライアントの多くは、もう二度としないと決めています。果てしない手術の繰り返しはしたくないそうです。私は、高額で痛みの伴う「メンテナンスのための手術」を続けなくてもいいように、どんな美容整形の場合でも、術後1年間

はエクササイズをして顔の筋肉を鍛えるように指導しています。フェイササイズは手軽で安上がりな方法で、老化の進行を抑える効果があります。痛みもなく、安静期間も必要なし。いたちごっこのように手術を繰り返す必要もありません。

フェイササイズは整形手術に代わる自然な美容法です。リスクもありませんし、確実に効果があります。スポーツジムに通うのと同じこと。エクササイズをきちんと実行すれば、期待どおりの結果が得られるでしょう。

## ●フェイササイズは万能の魔法

フェイササイズは、遺伝的な問題や悩みを克服したいと願っている人にとっても、安全で効果的な方法です。私のところへ来るクライアントには、口元が自分の母親に似てきたからという理由で来る人がたくさんいます。

悩みやストレス、不安といった感情や、あるいはちょっとした日常の疲れが積み重なることによって、その人の外見ががらりと変わってしまうこともあります。より若々しくて穏やかな表情になるために、フェイササイズが役立ちます。

フェイササイズをやっていると、顔の筋肉を意識的に使えるようになります。普段の生活では一部の筋肉ばかりを酷使しがちで、くっきりとした表情ジワが刻まれてしまうのです。

たとえば、険悪な状況におかれている人は、いつもピリピリと緊張した表情をしています。ちょっと考えてみてください。何かに腹を立てて相手に詰め寄っているようなときには、おそらく険しい顔をしているはずです。眉間にシワができ、額の筋肉がピンと張って「対決の顔」になっているでしょう。何年もやっているうちに、顔にはその悪影響が現れます。

でもフェイササイズのテクニックを身につければ、筋肉をコントロールできるようになり、顔（とその筋肉）をリラックスした状態で動かせるようになります。もう表情ジワが増えることも、今あるシワが深くなることもないでしょう。

フェイササイズの個人レッスンのあと、あるクライアントが私に

## COLUMN

### ✲ 顔に現れる老化のサイン
*The bad news as your face ages*

- ☒ 肌がくすんで黄味がかってくる
- ☒ 鼻が長くなり、横に広がる
- ☒ 唇が薄くなる
- ☒ 上唇にシワができる
- ☒ 眉とまぶたが下がってくる
- ☒ 下まぶたにたるみができる
- ☒ フェイスラインがたるみ、肉がついてくる
- ☒ ほうれい線（訳注：鼻の横から口角にかけてのシワ）ができる
- ☒ 口角が下がってくる
- ☒ あごがたるみ、二重あごになってくる
- ☒ 首の皮膚にハリがなくなり、シワができる

### ✲ フェイササイズの効果のサイン
*The good news as you facercise*

- ☑ 肌色がよくなって赤味をおびてくる
- ☑ 鼻が小さく引き締まり、形が整ってくる
- ☑ ふっくらとセクシーな唇になる
- ☑ 眉とまぶたが上がる
- ☑ 下まぶたのたるみが消える
- ☑ フェイスラインが引き締まり、すっきりしてくる
- ☑ ほうれい線が目立たなくなる
- ☑ 口角が上がる
- ☑ あごが引き締まり、二重あごが消える
- ☑ 首の皮膚にハリが戻る
- ☑ 血行がよくなって、酸素が肌から筋肉全体に行きわたり、肌のハリや色つやがみるみるよくなってくる

こういいました。「フェイササイズは万能の魔法ね」。顔がすっきりと引き締まり、肌の色つやがよくなって、シワが消え、目は大きく輝き、ストレスや緊張がほぐれて、顔全体が生き生きとしてくる。そんな効果を指して、彼女は「魔法」といったのでしょう。

### ●手軽にできるフェイササイズ

フェイササイズは、顔のそれぞれの部分を引き締めて整え、顔立ちをはっきりさせることを目標に考えられています。14の基本エクササイズと、さらに上級の9つのプログレッシブ・エクササイズがありますが、一度にすべてのエクササイズをする必要はありません。自分に必要なエクササイズだけを選べばいいのです。どんなに忙しい人でも、家事や仕事の合間に手軽にできるものばかりです。

たとえば、「目を大きくする運動」は車で信号待ちをしている間でもできますし、電話中には「鼻の形を整える運動」を、パソコンの前に座って仕事をしながらでも「頬を高くする運動」ができます。

フェイササイズはこれまでになく簡単でやりやすいフェイシャル・エクササイズ・プログラムです。特別な道具類はいっさい必要なし。グローブもマスクも、電気器具もコンセントも不要、慣れれば鏡もいりませんから、いつでもどこでもできるというのが最大の利点です。この本はあなたの顔の専属トレーナー。そして鏡がトレーニングの進み具合を教えてくれ、さらにやる気を与えてくれるでしょう。

### ●写真を撮りましょう

私は個人指導をするときには、クライアントの顔のフェイササイズ「前」と「後」の写真を撮ることにしています。今までにとてもたくさんの写真が集まりました。写真は雄弁で、ウソをつきません。フェイササイズを始めるとわずか数日で確実に変化が現れるのがわかります。ぜひあなたもフェイササイズを始める前に写真を撮っておいてください。

正面からと横顔の2枚を撮影しておきましょう。そして10日後、できれば同じ服装とメイクで、もう一度同じアングルで撮影してみ

てください。どのショットでもけっして笑顔をつくらないこと。そして自分の目で見比べてください。きっと驚き、そして大いに満足するでしょう。

　1日に2回、11分間ずつ（自宅でも車の中でもどこでもけっこう）、1週間に5日間以上続ければ、確実な効果を実感できます。まわりの人たちから「髪を切ったのね」「やせたじゃない」「メイクを変えたでしょ」「バカンスを楽しんできたばかりなのね」などと声をかけられるかもしれませんよ。

　フェイササイズは、重力に対抗して、顔が下に引っ張られるのを防ぎます。自然にだって逆らえるのです。老化の進行が抑えられて、いかに大きな成果があがっているか、日ごとに実感できるでしょう。時計の針を戻して、時間のスピードを遅らせることは可能なのです。

# Chapter 2

*How does Facercise work?*

# フェイササイズが効果的なわけ

### ●運動生理学的裏付け

　バランスのとれた骨格、高い頬骨、すっきりとしたあごのライン——だれもがそんな顔を望んでいます。骨格の美しさが顔の美しさを決める要素だと信じている人がほとんどでしょう。でも、顔の輪郭を形づくるのに、筋肉がいかに重要な役割を果たしているか、わかっている人はあまりいないようです。顔に筋肉がなければ、まばたきをしたり、笑ったり、眉を寄せたりすることはできません。仮面のようになってしまいます。

　顔の筋肉は身体の他の筋肉に比べて小さい（それに薄い）ので、エクササイズの効果がすぐに現れます。また筋肉に対する脂肪の割合が身体よりも少ないため、正しいエクササイズによって短期間で鍛えることができます。こうして、あっという間にすっきりと引き締まった顔になれるわけです。

　身体の筋肉は、部位によっては、特に意識しなくても一日のうちに何度も動かしています。たとえば、脚や腕、手などはあえてエクササイズしなくてもいいのです。手脚の筋肉は、朝起き上がったときから夜ベッドに入るまでずっと使っているわけですから。しかし、顔の筋肉はそのようには使っていません。自分の顔を最高に美しく見せたいのなら、顔の筋肉を特別にエクササイズする必要があるのです。まったく運動をしていない人のおなかを想像してみてくださ

い。あまり見られたものではありませんね。ではずっとエクササイズを続けている人の場合はどうでしょう。その違いがわかりますか？　もちろんわかりますね。

　顔にも同じことがいえます。筋肉がたるむと、その筋肉の上の皮膚もたるんでくるということは、だれでも漠然とながら知っています。歳をとるにつれてだれもが悩むことですが、肌のハリがなくなるとか、目の下のたるみや二重あごなどは、顔の筋肉の弛緩（しかん）が最大の原因です。顔もエクササイズを怠ると、筋肉組織が薄くなって衰えていきます。そして、老けて見えてしまうのです。

　顔の筋肉のことなど考えてもいない人が多いですし、みんなきっと、気になるところを直してくれる魔法のクリームや不老の秘薬のような画期的な商品が、ある日突然売り出されることを期待しているのでしょう。

　クリームは肌質を整えて見た目もよくなりますし、表面的に肌をきれいに見せるという点ではメイクアップもさらに効果があります。巷ではいろいろと期待できそうな情報を目にするでしょうが、筋肉の状態を整えて顔を引き締めてくれるようなクリームや魔法の薬のたぐいは存在しません。話題のローションやクリームを塗っても、顔のたるみの進行を防ぐことはできないのです。

　しかし、顔が老けて見えないようにする方法があります。それが本書で紹介する「フェイササイズ」です。顔の筋肉一つひとつを意識しながら、乳酸が燃焼するのを感じるまで動かすことによって、大きな効果をもたらします。ジンジンとほてるような感覚がしたら、筋肉を限界まで動かすことができた証拠。するとエネルギーを消費した結果として、筋肉には乳酸が生成されます。そしてATP（アデ

ノシン・トリフォスファターゼ）という物質を使い果たします。これはすべての生体細胞内に含まれている、エネルギー生成に欠かせないヌクレオチド（核酸）です。運動生理学者やトレーニング指導者なら、このプロセスをよくご存じのはず。これがつまり「乳酸燃焼」のしくみです。このときの熱を感じられたら、筋肉が最大限に動かされていて、やがて強く厚くなっていくということです。このようにして筋肉組織は回復し、弾力性とハリを取り戻します。顔の場合もふっくらとハリのある筋肉に鍛えられていきます。

筋肉は繊維組織の集まりで、タンパク質でできています。筋肉をエクササイズすることは、この筋繊維を太く強くするということです。最大限の結果を得るためには、疲労を感じるまで筋肉を動かす必要があります。筋肉は動かせば動かすほど強くなります。それから、大事なことを忘れてはいけません。疲れるまで筋肉を動かしたあとは、休ませることが大切です。その間に筋肉の組織が回復して大きく成長するのです。また、筋肉の成長のためにタンパク質を十分に摂ることも必要です。

エクササイズ・休息・タンパク質の摂取──この３つがバランスよくできていれば、筋肉は課せられた要求に応えて、よい結果をもたらすでしょう。顔の各部の筋肉を意識しながら、繰り返しエクササイズをすることで、筋肉は再生され、強く大きくなっていきます。

## ●フェイササイズはここがユニーク

フェイササイズは他のフェイシャル・エクササイズとは違います。どこがどう違うのか説明しましょう。

フェイササイズでは顔の筋肉がどのように機能しているのかを勉強してもらいます。それぞれのエクササイズがなぜ効果があるのかという説明もします。そして、顔の特定の筋肉だけを動かせるように練習してもらいます。年齢に負けないために、筋肉と頭脳を同時に働かせる方法を学ぶのです。そうすれば、コンピュータに向かって仕事をしながら、車を運転しながら、あるいはテレビを見ながらといったように、何か別のことをしながらでも、顔の筋肉を最大限に動かすことができるようになります。

一番の利点は、他のフェイシャル・エクササイズと違って、道具も器具も何もいらないこと。鏡もマスクも手袋も不要、複雑な指使いもありません。フェイササイズのためにじっと座って22分間の「特別な時間」を割く必要もありません。

　他のフェイシャル・エクササイズには、変なことをあれこれとやらせるものもあります。舌を突き出してハアハアと５回あえぐとか、口の中で空気のボールをつくって頬から頬へ、上唇から下唇へと動かすとか。

　人はどう思っているのかわかりませんが、私ならこんなことをやることになったら、なぜそれが効くのかきちんと知りたくなります。こうしたエクササイズの多くは、なぜ効くのかという理論的な説明などしていませんので、ただ黙って信じてやるしかないでしょう。だれかが効くといっていたからという理由だけでは、私は実行しようとは思いません。なぜ、どのようなしくみで、効果があるのかを知りたいのです。

　希望どおりの結果を手にするために心に留めておいてほしいこと、それは「手っ取り早い方法」などないということです。健康志向の今の時代、筋肉をきちんと鍛えて体脂肪を減らすためには何をしなければならないか、ほとんどの人は知っています。低脂肪の食事、循環機能を高める運動プログラム、きちんと計算されたウエイト・トレーニングが必要になります。簡単で手っ取り早くて、長期間ずっと効果が持続するような方法などありません。身体の筋肉を鍛えるためには、筋肉に負荷をかけながら伸縮運動を何度も繰り返すことが必要です。

　フェイササイズは、こうした筋肉増強のテクニックを顔に適用した初めてのフェイシャル・エクササイズ・プログラムです。フェイササイズでは、たとえば脚を引き締めるためにエクササイズをするように、頬の筋肉を伸縮させる運動をします。

　フェイササイズの指導を始めてからもずっと、エクササイズ方法に改良を重ね、効果を最大限に高めるために、美容外科医や皮膚科医、理学療法士の方々に相談にのってもらっています。フェイササイズで顔の筋肉を鍛えすぎてしまうようなことはありません。筋肉

を正常にして引き締めるのがフェイササイズなのです。

　フェイササイズをしていると、肌が生き生きとしてきます。しかもその効果は、その場かぎりの一時的なものではありません。22分間のエクササイズを1週間のうち5日以上続けていくと、ずっと永久に若々しい外見を手に入れることができるのです。

　私はいま56歳ですが、正直いって、そんな年齢に見えないほどハリとツヤのある明るい肌をしています。元夫に「歳より老けて見える」といわれた頃よりも若く見えるくらいです。今ではシワがめっきり減りましたし、人にシワを指摘されることもなくなりましたが、当時の写真を証拠として残しています。

### ●フェイササイズの前と後

　下にある左側の写真は36歳のときに撮ったフェイササイズをする前の顔です。アリゾナの太陽に長年さらされてできたシワが目立ちます。コラーゲンが失われ、丸みのないやつれた顔をしています。若い頃の日焼けによるダメージの現れです。眉が垂れ下がって見え、

*Before and after*

**フェイササイズ前と
フェイササイズ後**

下・36歳、フェイササイズをする前。
右・56歳、フェイササイズですっかり変わった顔。

眉と上まぶたがかぶってきているために目が実際よりも小さく見えます。どんなにメイクをしても、下まぶたのたるみは隠せませんでした。肌はくすんで黄味がかり、生き生きとした血色のよい理想の肌とはほど遠い状態。頬は下がって平たくなり、全体的に疲れて見えます。要するに、歳よりも老けて見えるのです。

　右側にある最近撮った写真を見てください。56歳の私です。シワはずっと目立たなくなっています。頬は高く立体的になり、ふっくらとなめらかで丸みのある顔になりました。眉も上がって、目がパッチリと大きくなっています。肌は生き生きとしたきれいなピンク色です。「頬にインプラント手術をしたの？」と何度聞かれたことか。私が何をしたか説明しても、とても信じられないという顔をしている人には、頬の筋肉の運動をやってみせるのです。鼻の筋肉を鍛えたことで、鼻の形もずっとよくなりました（そう、鼻にも筋肉があるんですよ）。薄くなって下がっていた唇も、ふっくらと若々しくなっています。口角がキュッと上がったおかげで、若くてはつらつとした表情になりました。

　テレビ番組でフェイササイズについてお話しするときには、いつも自分の昔と今の写真をお見せすることにしています。あるとき、番組収録の会場にいたひとりの女性が立ち上がっていいました。「その２枚の写真、まったく同じに見えるんですが」。私は答えました。「それはどうもありがとう。すごくうれしいほめ言葉です。この２枚の写真には20年以上の時間経過があるのですから」

　クライアントによると、フェイササイズを始めていちばんワクワクする瞬間は、顔の筋肉を実際に「感じる」ようになったときだそうです。エクササイズが効いている証拠なので、やる気がわいてくるのですね。頬骨と口のあいだや、耳と鼻のあいだといった、普段はあまり意識していなかった部分の筋肉に気づくのです。脚のエクササイズを始めた翌日に感じるあの感覚と同じです。少し痛みもあるかもしれません。軽度の筋肉痛ですが、これこそよい兆候。筋肉に違和感を覚えたら、ふうっと息を吐き出すと楽になります。これは筋肉内にたまった乳酸が排出されるためで、脚や腕のエクササイズのあとストレッチをすると筋肉痛がやわらぐのと同じです。

# Chapter 3

*Let's face it*

# 自分の顔と
# 向き合いましょう

## ●自分の顔の特徴をきちんと知る

　自分のイメージを考えるとき、どうしても肉体的な外見にとらわれてしまう人がほとんどです。『セルフ』誌によれば、全米女性の85パーセントが、自分の身体が好きではないと思っているそうです。そのうち、自分の顔を好きではないという女性は何人いるのでしょう。

　あなたは、自分のイメージをどうとらえていますか？　自分の顔については本当のところどう思っていますか？　正直に答えてみてください。おそらくどこか好きな部分もあるでしょう。嫌いな部分や、なんとかしたいと思っているところもあるのでは？　でも実際は、シミやシワもまったくなく、顔立ちも完璧に整っている人などひとりもいないのです。

　目鼻立ちや骨格はおもに遺伝によって決まります。整形手術でも顔立ちを変えることはできますが、フェイササイズはより自然な方法で美しくしていきます。

　エクササイズを始める前に、とても大切なことがあります。それは、自分の顔をよく知っておくということ。自分の顔の欠点だけではなく、気に入っている部分についてもちゃんと知っておいてください。よい点を知っておくということは、欠点を直していこうと努力をするうえで絶対に必要なのです。

自分の顔の欠点や老化の具合について調べるのは、少々いやな気分かもしれませんが、エクササイズを始める前に、自分の顔を客観的に見直しておくべきです。有名人やモデル、タレント、政治家、王室関係者、ビジネス・リーダー、映画スターなどといった、いつも人目にさらされている人たちは、みんな自分の欠点をよく知っています。客観的な目を持っているのです。あなただってそうあるべきです。

　さあ、今すぐ始めましょう。自分の顔の美しさを判定してください。偏りのない目で正直に判断しましょう。こうして自己評価をすることによって、努力の成果を客観的に見直せるようになります。

### ●自分の顔を客観的に評価する

　写真があれば客観的な判断の助けになるでしょう。仕事中やぼんやりしているときの自分の姿を写真で見たことがありますか？　そんな写真を見て「私ってこんなじゃないわよね？」とつぶやいたり、あるいは叫んだり。すると「そのまんまだよ」なんてだれかの答えが返ってきたりしたこと、ありませんか？　でもご心配なく。そんなあなたでも大丈夫です。

　自分がどう見られているかではなく、実際にどう見えるかを知る

ことが大切なのだということを、どうか忘れないでください。主観が入ると目が曇ってきちんとした判断ができなくなります。でも、カメラはとても正直。セミナーではいつも出席者一人ひとりのポラロイド写真を撮って、自分の顔を検討してもらうことにしています。しばらく検討してもらったあとでは、みんなの意気込みが違ってきます。

　あるとき、受け取った自分の写真を手に受付のデスクに戻ってきて、こんなことをいった人がいました。「これは私の写真ではありません」。私は写真を確認していいました。「でもこの女性はあなたと同じブラウスを着て、同じイヤリングをしていますね」。彼女は「自分が二重あごだなんて全然知らなかった」そうです。結局その場は、写真が動かぬ証拠となって、無事に一件落着。写真は残酷なほど正直です。あなたの顔が他人からどう見られているのかを教えてくれます。

　写真は正面からと横顔の2アングルで撮影してください。注意点が一つ――笑ってはいけません。リラックスした状態で筋肉がどのようになっているかを調べたいのですから。鏡でいつも見ている自分の顔とはまったく違うはずです。写真を丹念にチェックして気づいたことを書き出してください。眉の位置が低すぎますか？　鼻の形が気に入らない？　やせぎすの顔、それとも幅広の顔？　唇はふっくらしていますか、薄すぎますか？

　エクササイズを始めたら、数週間後に、もう一度同じように写真を撮りましょう。前と同じ表情で、同じ距離から、正面の顔と横顔を撮影します。ちょっと見ただけではたいした違いはないでしょう。でも、すみずみまでよく見てください。短期間でいかにたくさんの変化が現れているか、確かめてください。

　眉の位置が上がりましたか？　唇がふっくらとしてきましたか？　輪郭が変わりましたか？　シワが目立たなくなりましたか？　鼻は何か変化がありますか？　気づいた変化をメモして、またエクササイズを続けましょう。自分の顔をきちんとチェックしながら、さらに磨きをかけていくのです。

## ●シワについて

　だれの顔にもシワはあります。生後1日目の赤ちゃんも例外ではありません。シワがなかったら、表情もなくなり、うつろで生気のない仮面のような顔になるでしょう。整形手術を何度も繰り返した人のなかにもそんな顔の人がいるかもしれません。あなたの心身の成熟とともに、顔にもその年輪が刻まれます。

　心と身体と顔は、人の外見を形づくるうえで密接なつながりがあります。30代に入る頃には、顔にはいくつかシワができています。顔のシワにはさまざまなタイプがあることを覚えておきましょう。くっきりと深いシワもあれば、細かい小ジワもあります。それぞれのシワの違いを理解しておくことで、自分の顔を客観的な目で見直すことができるでしょう。

### ＊表情ジワ
*Built-in lines*

　表情や癖によってできるシワ。その多くは遺伝的なもので、顔に個性を与えます。日頃険しい表情ばかりしている人は、眉間にシワができます（こわい顔で「何でも疑ってかかる」人の眉間のシワを、私は「クエスチョン・マーク」と呼んでいます）。ものを見るときに目を細める癖のある人は、「カラスの足跡」と呼ばれる目尻のシワが早くできます。

### ＊寝癖ジワ
*Sleep lines*

　「夜の敵」とでも呼びたいシワです。眠っている間も顔の筋肉は動いています。敵は知らない間に忍び寄ってきてシワをつくり続けているのです。うつ伏せで枕に顔をうずめて眠るという人、朝起きたら顔がシワだらけになっていることがあるでしょう？

### ＊筋肉の衰弱によるシワ
*Lines due to collapsed muscles*

　年齢とともにたるみが目立ってくるのはおなかだけではありません。きちんと動かしていなければ顔の筋肉も衰えていきます。筋肉の衰えは、肌に多くのシワができる原因になります。

### ＊傷跡のシワ
*Scar lines*

　ケガや病気、皮膚の疾患によるシワ。フェイシャル・エクササイズで顔の筋肉を鍛えることによって、肌に自然な弾力性が戻ってきます。血行がよくなり、なめらかな肌になります。

### ＊日焼けによるシワ
*Sun damage fine lines*

　若い頃から太陽に肌をさらしてきた人は（私もそのひとり）、日焼けによるダメージがシワとなって現れます。

## ●遺伝的特徴も改善できる

　遺伝的な要素が顔立ちや骨格に大きな影響を与えていることも見逃せません。自分の顔をじっくりと見てみると、かならずいくつか親から受け継いだ部分に気づくはず。そして歳をとるにつれてますます両親に似てくるのです。あなたのご両親の顔を思い出してみてください。同じような顔になりたいですか？　なりたい人もなりたくない人もいるでしょう。親の顔のようにはなりたくないという人は、別の道を進むこともできますし、少なくとも、年齢とともに似てくるのを先延ばしにすることが可能です。

　身体的特徴は確実に代々受け継がれていきます。何か問題があると眉間に深いシワを寄せていたお父さん。困ったことがあると唇をすぼめていたお母さん。ストレスの目盛りが高くなると険しい顔をしていた人が家族のなかにいませんでしたか？　思い当たるという人も大丈夫、安心してください。フェイササイズはこうした遺伝的形質にも働きかけます。自分の遺伝的特徴をまず認識したうえで、エクササイズを続けていってください。

　フェイササイズを始めてからも、たえず自分の写真をチェックするようにしましょう。あなたの顔のよいところ、気になるところについて、きちんと考えをまとめてください。強調したいところはどこですか？　反対に目立たなくしたいところは？　客観的な目で判断しましょう。写真の顔をじっくりと見て、どこをどう変えたいのかを考え、書き留めておいてください。変えたいと望んでいた部分がどれほど見事に変化しているかを確かめながら、フェイササイズを続けていきましょう。

## *Seven days of Facercising*

# 1週間のフェイササイズでこんなに変わる！

### 1日目

バーバラは全体的に筋肉のハリがなく、肌の色つやもさえません。まぶたが下がり、目の下にはたるみがあります。ほうれい線が深く、かたく結ばれた唇は薄くて、あごのラインははっきりしません。

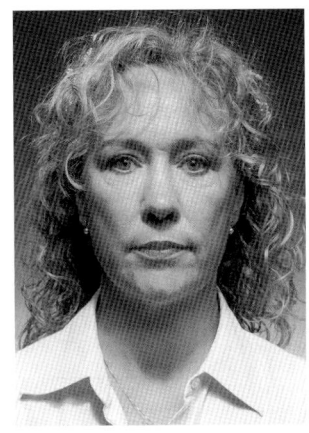

### 7日目

顔全体の筋肉にハリが戻っています。肌色もよくなりました。目が大きく開かれ、目の下のたるみがずいぶん解消されています。ほうれい線が目立たなくなり、唇はふっくらとセクシーになりました。あごのラインもすっきりしてきました。

フェイササイズを始めてから7日後に撮影した写真で、
どれだけ劇的な変化が現れているかを見ていただきましょう。
これからさらに1か月たつとどんなに変わるか、
想像してみてください。

*First Day*

## 1日目

> ブレンダは顔色が青白く、肌にニキビ跡の凹凸が残っています。まぶたが垂れ下がって、目をおおっています。頬は扁平で下がっていて、口角も下がり、唇は薄くてシワが寄っています。

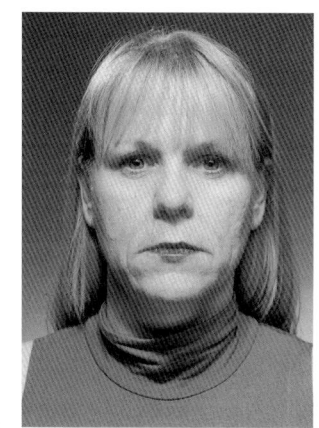

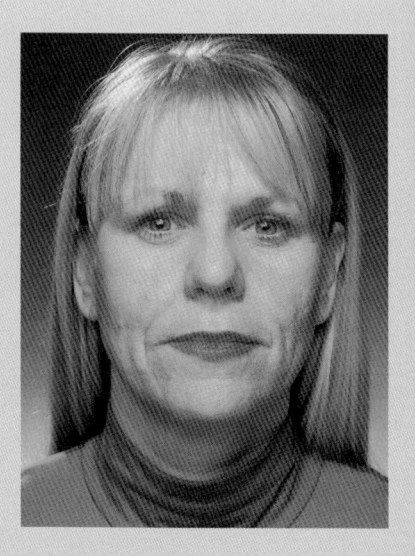

*Seventh Day*

## 7日目

> 肌色がピンクになって、ニキビの跡も目立たなくなりました。目が大きくなって、頬は高く丸みを帯びています。口角が上がり、唇もふっくらしてきました。

## *Seven days of Facercising*

### *First Day*

### 1日目

リンダの上まぶたは大きく垂れ下がっています。肌色がさえず、全体的に筋肉にハリがありません。あごのラインも重く下がっています。

### *Seventh Day*

### 7日目

目がずいぶん大きくなりました。肌が生き生きとして、色つやがよくなっています。顔全体が引き締まった感じです。

### First Day

### 1日目

プリンセスは、上まぶたが垂れ下がって目をおおっています。目の下にくぼみがあり、頬がたるんでほうれい線がくっきりと出ています。あごのラインがはっきりせず、二重あごになっています。

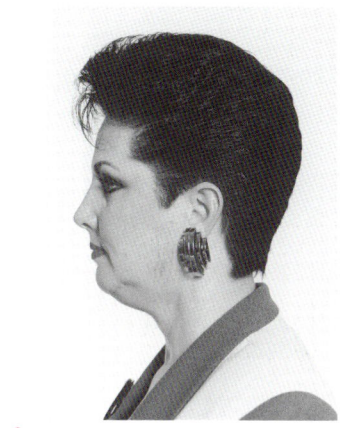

### Seventh Day

### 7日目

眉と上まぶた、それに頬も上がりました。目の下のくぼみが消えています。ほうれい線が消えて、あごのラインがはっきりしてきました。二重あごも目立たなくなりました。

*Let's face it*

## *The seven signs of ageing*

# 老化のサイン

老化にともなって顔に現れてくる
7つの兆候をまとめておきます。

## ①眉が下がる
### *Low eyebrows*

　目のまわりの筋肉が弱ってくると、眉の下の部分がはれぼったくなります。横顔を見ると特によくわかります。「額のシワを取る運動」（58ページ）をすると、目のまわりと額から頭部にかけての筋肉を鍛えることができるので、眉が次第に上がってきます。まぶたの筋肉は、小さいながらもとても重要なもの。その筋肉も強化されて、目のまわり全体のシワがなくなり、若々しさを保つ効果があります。

## ②まぶたがたるむ
### *Droopimg eyelids*

　華やかな映画スターも、若くてピチピチした美人も、年齢とともにまぶたがたるんで下がってくるのを防ぐことはできません。これは事実です。ウソだといいたいところですが、生きているかぎり避けられません。最近おこなわれている美容整形のなかで3番目に多いのが、目のまわりの手術です。目尻の下垂や目のまわりのたるみは遺伝的なものもありますが、だれにでも起こる老化現象でもあります。27ページにある私の36歳のときの写真でも、まぶたが目にかぶさって老けて見えます。「目を大きくする運動」（54ページ）で上まぶたの筋肉を鍛えれば、丸くて大きいパッチリした目になり、だれもが理想とする若々しい顔になります。瞳も生き生きと輝いてくるでしょう。

## ③頬が下がり、扁平になる
### *Low, flat cheeks*

　「顔の宿敵」――それは、遺伝・老化・重力の3つです。この3つが絶えず一緒に働きかけてくるために、頬が垂れ下がって扁平に見えてくるようになります。頬の筋肉が衰えると、顔の丸みがなくなり、平べったくなってくるのです。「頬を高くする運動」（60ページ）で、頬の筋肉を鍛えましょう。頬が高くなり、立体的で丸みのある顔になります。私のクライアントたちは、頬の筋肉が動いているのを感じると、効いていると実感できてワクワクするといいます。数週間もすると、筋肉がしっかりと強くなって、顔が引き締まり、目鼻立ちもはっきりしてきます。その効果にはきっと大満足のはず。3つの敵はフェイササイズで撃退してしまいましょう。

## ④鼻が変形する
### Nose faults

　ピノキオを覚えていますか？　魔法で命を与えられた人形の男の子が、ウソをつくたびに鼻が伸びていくというお話でした。でも私たち人間は、べつにウソをつかなくても、歳をとると鼻が伸びていくのです。老化による自然な現象です。頬の筋肉が弛緩してたるむと、鼻の横のあたりがくぼんできます。また口のまわりの筋肉も次第に衰えてハリがなくなってきます。そのうえ、重力によって鼻が下に引っ張られるわけです。こうした要因が重なって、鼻がたるんで長くなるのです。若々しくてキリッとした鼻を保つためには、鼻孔の下にある小さな筋肉を鍛える必要があります。「鼻の形を整える運動」（64ページ）を毎日続ければ、鼻だけでなく上唇も整ってきます。このエクササイズの効き目は私自身が実証ずみ。整形手術で失敗した跡がきれいになりました。

## ⑤唇が薄くなってシワができ、きつい印象の口元になる
### Thin, lined, hard-looking lips

　年齢とともに、唇とその周辺が薄く貧弱になっていきます。ストレス、喫煙、日焼け、表情の癖などが原因です。これでは美しい口元とは到底いえません。それにガサガサに荒れた唇はだれでもいやなものですし、口元のシワやたるみは老けて見える原因ですから、なんとか解消しましょう。「唇の形を整える運動」（68ページ）と「唇をくっきりさせる運動」（100ページ）で口のまわりの筋肉を鍛えれば、シワだらけの貧弱な唇とはおさらばできます。かわりに、ふっくらとしたセクシーな唇になり、上唇のリップラインがやわらかい感じになります。

## ⑥あごがたるみ、二重あごになる
### Sagging jaw and/or double chin

　あごのラインの形や肉づきは、遺伝が大きく影響します。30歳ぐらいになると、あごのラインはたるみはじめ、ハリがなくなって、輪郭がぼやけてきます。その結果、締まりのない、老けた印象になります。あごのラインを引き締めてすっきりさせるためには、「あごにハリを与える運動」（74ページ）と「首とあご先を引き締める運動」（80ページ）をしましょう。あごのラインが強くはっきりしていると、自信にあふれたしっかりした人という印象を与えます。

## ⑦首に細かいシワができる
### Crepey lined neck

　どんな人でも、首にはたるみやシワがあります。若い人たちも例外ではありません。七面鳥なら首の皮がたるんでいてもいいでしょうが、私たちの場合はあまり魅力的だとはいえません。この首の皮膚のたるみは、日焼けによるダメージかエクササイズ不足、あるいはその両方が、老化による自然現象と重なって起こるものです。のどのあたりの皮膚はとても薄いので、身体の他の部分よりも年齢が早く現れます。皮膚が薄いうえに、筋肉にハリがなくなると、さらにたるみはひどくなります。「首にハリを与える運動」（72ページ）と「首とあご先を引き締める運動」（80ページ）でエクササイズすれば、首の筋肉が元に戻り、シワが目立たなくなるでしょう。首まわり全体がとても美しくなります。

## ●顔の欠点チェックリスト

「フェイササイズ前」の自分の顔写真で、よいところと気になるところをチェックできましたね。次に挙げるチェックリストで、自分にあてはまる項目、変えたいと思っている項目にしるしをつけてください。恥ずかしがらず、気取らずにやってみましょう。

チェックが終わったリストは、あなたがどこを重点的にエクササイズするといいかを示しています。そして、次第に効果が現れて理想の顔に近づいていくようすを記録するのが、フェイササイズ「前」と「後」の写真です。百聞は一見にしかず。写真を見比べれば、だれもが「フェイササイズ信奉者」になるでしょう。

### CHECK LIST

- □ 眉が下がっていませんか
- □ まぶたがたるんでいませんか
- □ 鼻がたるんで、長く大きくなっていませんか
- □ 頬が下がって扁平になっていませんか
- □ 唇が薄くなってシワができ、きつい印象がしませんか
- □ 口角が下がっていませんか
- □ あごのラインがたるんでいませんか
- □ 二重あごになっていませんか
- □ 首にたるみやシワがありませんか

ジャッキーはチェックリストで自分の顔を検討したあと、7日間のフェイササイズを実行しました。見事な効果が現れています。これから数週間続けていくうちに、さらにもっと効果が出てくるでしょう。

## First Day
### 1日目

まぶたがたるんで目にかぶさっています。目の下にもたるみがあります。頬が低く平べったくて、ほうれい線がくっきりと刻まれており、唇に立体感がありません。

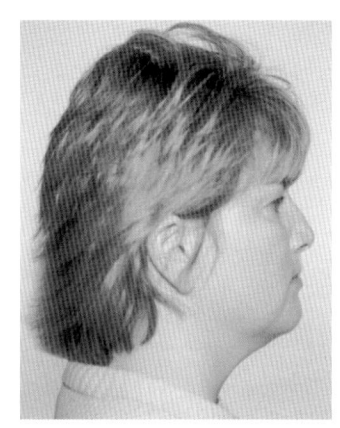

## Seventh Day
### 7日目

目が大きく開かれ、目の下のたるみが大幅に解消されました。頬が高くなって丸みがあります。ほうれい線がほとんど消え、唇もふっくらとして立体感が出てきました。

# Chapter ❹

*Muscles of the face and neck*

# 顔と首の筋肉を
# 知っておきましょう

### ●筋肉の位置と名称、機能について

　身体の筋肉とその動きについては、ほとんどの人がおおよその知識を持っています。きちんとエクササイズをすれば、筋肉が強くなって引き締まるということも周知の事実。何百万人という健康志向の人や老化を気にしている人たちが、すでにボディ・エクササイズを実行しています。ベンチプレス、ステップマシン、ランニングマシン、ジョギング、腹筋運動、エアロビクスなど、あなたも思い当たるでしょう。

　こうしたエクササイズの効果がほどなく現れて身体が見栄えよくなることは、みんな知っています。しかし、顔の筋肉については、それぞれの名称や機能について理解している人はほとんどいません。

　人間の顔には57の筋肉があり、顔の各部分を支えて状態を保つために共同作業をしています。眉間にシワを寄せたり、ジョークに笑ったり、だれも見ていないところでドーナツにかぶりついたりなど、あなたが顔を動かすたびに、顔のさまざまな筋肉が連携して動いて、実に多彩な機能を果たすのです。

　顔の筋肉がどのように動くかをきちんと理解し、その配置や機能を頭の中でイメージすることができれば、「心と筋肉の連携」ができてくるでしょう。これは、美しい顔になるためにとても重要なポイントです。頭を使って意識的に顔の筋肉をエクササイズするとい

うのが、フェイササイズの基本なのです。数十年にわたる経験の数々に基づくプログラムですから、あなたもきっと成功するはずです。

　フェイササイズのやり方がわかってくると、二の腕やふくらはぎの筋肉をエクササイズするときと同じように、顔の筋肉が動いて伸縮しているのを感じられるようになります。顔の筋肉は表皮のすぐ下にあって、まるでパッチワーク・キルトのようになっています。薄い筋肉組織が繊維束によって互いに連結されているのです。

　筋肉が結合繊維で連動するようすは、まさに見事な離れ業。まるで魔法じかけのように動いて、顔に生き生きとした活力をもたらし、あらゆる表情をつくり、それが各人の個性になります。もしこのような見事な芸当を見せる筋肉がなかったら、私たちの顔はまるで仮面のようになってしまうでしょう。

　フェイササイズは、顔、首、頭のすべての筋肉に働きかけます。筋肉は連動しているので、すべて一緒に動きます。フェイササイズを始めるにあたって忘れないでほしいのは、本書に書かれているやり方にしたがってエクササイズをするということ。

　一つのエクササイズでは、特定の筋肉だけを部分的に動かします。次のエクササイズに移るときには、前のエクササイズで動いていた筋肉のグループは回復期に入って増強し始めています。顔の筋肉を意識することも、想像力を使って（筋肉が発達していくようすを思

い描いたり、動きを感じたりして）筋肉の動きを後押しすることも、フェイササイズの一部。「心と筋肉の連携」というコンセプトに基づいています。意識を集中して、頭と筋肉を結びつけた状態を保つようにしましょう。これによって、短期間でめざましい変化が現れてきます。エクササイズを長く続けるほど、筋肉の記憶力がアップして、エクササイズの効果はさらに高まります。

　ここで筋肉組織について勉強しておきましょう。顔の筋肉についての基本的知識として、その配置や機能を理解しておくことは、理想の顔を手に入れるのにきっと役立ちます。

## ●頭部の筋肉

　頭皮は、身体のなかでもっとも厚い皮膚です。

＊頭皮の下にはいくつも筋肉があり、その一つが、眉を持ち上げている「頭蓋表筋」であり、さらに以下のようにさまざまな部分に分かれています。

＊「前頭筋」は「頭蓋表筋」の一部で、額をおおっている薄い筋肉。眉と鼻の付け根の皮膚を上げると同時に、頭皮を前方へ引っ張っています。額に横ジワを生じさせます。平たくいえば、しかめ面はこの筋肉のせいです。この前頭筋を引き締めて、額のシワを防ぐのが「額のシワを取る運動」です。

＊「後頭筋」は後頭部にある筋肉で、長さ約3.5センチ。これも「頭蓋表筋」の一部で、頭皮を後方に引っ張っています。この２つの筋肉の働きによって、頭皮全体を前後に動かすことができるわけです。「額のシワを取る運動」は後頭筋にも働きかけ、同様の効果があります。

＊「帽状腱膜」は頭蓋骨の上部を広くおおっている平らな腱で、前頭筋と後頭筋とをつないでいます。同じく「額のシワを取る運動」で鍛えることができます。

## ●口のまわりの筋肉

＊「口輪筋」は口をぐるりと取り囲んでいる筋肉。繊維組織が何層にも重なっていて、この繊維層がさまざまな方向に動き、上下唇、

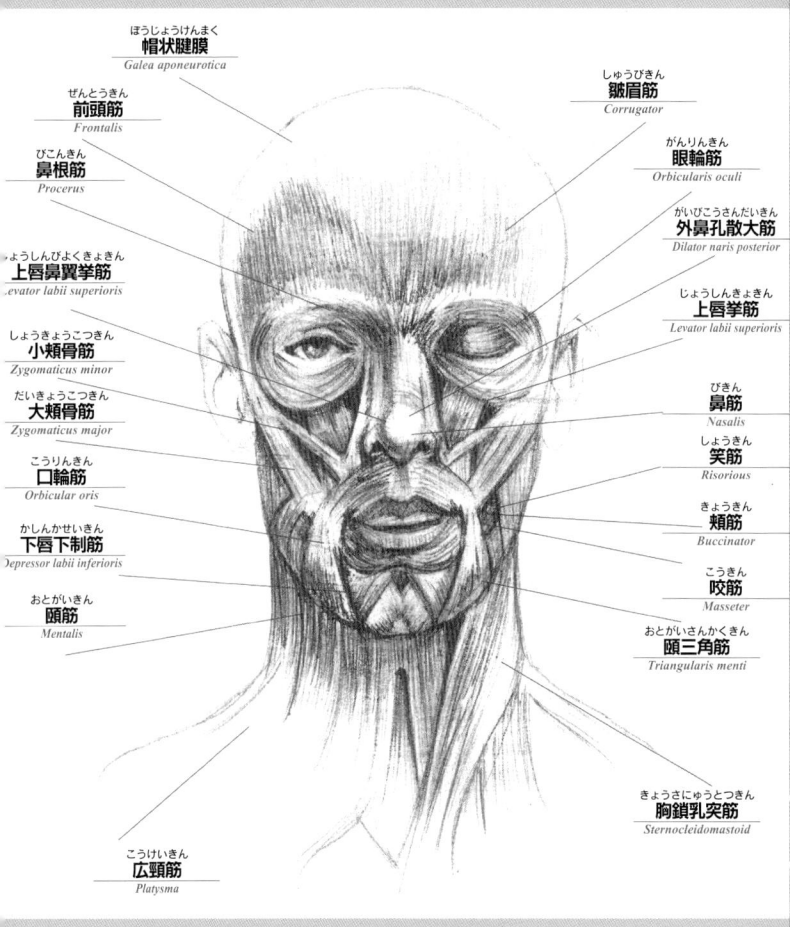

|  |  |  |
|---|---|---|
| 帽状腱膜 | ほうじょうけんまく | Galea aponeurotica |
| 前頭筋 | ぜんとうきん | Frontalis |
| 鼻根筋 | びこんきん | Procerus |
| 上唇鼻翼挙筋 | じょうしんびよくきょきん | Levator labii superioris |
| 小頬骨筋 | しょうきょうこつきん | Zygomaticus minor |
| 大頬骨筋 | だいきょうこつきん | Zygomaticus major |
| 口輪筋 | こうりんきん | Orbicular oris |
| 下唇下制筋 | かしんかせいきん | Depressor labii inferioris |
| 頤筋 | おとがいきん | Mentalis |
| 広頸筋 | こうけいきん | Platysma |
| 皺眉筋 | しゅうびきん | Corrugator |
| 眼輪筋 | がんりんきん | Orbicularis oculi |
| 外鼻孔散大筋 | がいびこうさんだいきん | Dilator naris posterior |
| 上唇挙筋 | じょうしんきょきん | Levator labii superioris |
| 鼻筋 | びきん | Nasalis |
| 笑筋 | しょうきん | Risorious |
| 頬筋 | きょうきん | Buccinator |
| 咬筋 | こうきん | Masseter |
| 頤三角筋 | おとがいさんかくきん | Triangularis menti |
| 胸鎖乳突筋 | きょうさにゅうとつきん | Sternocleidomastoid |

*Muscles of the face and neck*

45

**Chapter 4**

頬、鼻など周辺の筋肉組織と連結しています。唇の開閉の動きを担っています。「唇の形を整える運動」と「頬を高くする運動」は、この口輪筋を引き締めて、リップラインを整える効果があります。

* 「頬筋(きょうきん)」は両頬の下にある大きくて薄い筋肉。吸い込む動きをするときに使われます。頬筋を引き締めて強くするには「頬を高くする運動」と「小顔にする運動」が効果的。

* 「頤筋(おとがいきん)」はあごの先の方にある小さな筋肉。あご先を持ち上げる、下唇を突き出す（とがらせる）といった動きをします。この筋肉が衰えてくるとあご先のシワの原因になります。「唇の形を整える運動」で引き締めることによって、ふっくらとしてハリのある下唇になります。一時的な効果しかないコラーゲン注入にお金をかける必要もなくなりますね。

* その隣にあるのが「頤三角筋(おとがいさんかくきん)」。この三角形の筋肉が下あごを口まで引っ張り上げています。口角を下に引っ張る動きもします（口をとがらせる、ふくれ面をする、あるいは母親の口元に似ている気がしたときには、この筋肉の動きに注目）。「口角を上げる運動」で口元を引き締め、口角が下がるのを防ぐことができます。

* 「笑筋(しょうきん)」は、もとは太い筋繊維の束が細く絞られているため、大きさや形がかなり変化します。笑ったり、口を横に広げたりするときに動きます。同じく「口角を上げる運動」が効きます。

* 笑うときには「大頬骨筋(だいきょうこつきん)」と「小頬骨筋(しょうきょうこつきん)」も使います。筋繊維が束状になったこの２つの細長い筋肉は、口角を前後に引っ張ります。やはり「口角を上げる運動」が効きます。

* 「上唇挙筋(じょうしんきょきん)」は、板状の筋肉で、上唇のまわりから頬へとつながっています。上唇を上げる（前歯をむき出す）ときに機能します。この筋肉を引き締めるのが「唇の形を整える運動」です。

* 「下唇下制筋(かしんかせいきん)」は、小さな四辺形の筋肉で、下唇を下に引っ張ります（ちょっと不機嫌な顔をするときを思い出してください）。この筋肉の引き締めにも「唇の形を整える運動」が効果的です。

* せせら笑いのようなひきつった笑いのときに、上唇を引っ張り上げるのが「口角挙筋（犬歯筋）」。「唇の形を整える運動」はこの筋肉のたるみも防ぎます。

●鼻の筋肉

　鼻の筋肉はすべて密接に連動していることを理解しておいてください。「鼻の形を整える運動」は鼻の筋肉全部にそれぞれ効果をもたらします。

＊「鼻根筋(びこんきん)」は鼻梁(びりょう)部分にあるピラミッド型の筋肉。眉間を下に引っ張る働きをしていて、鼻の付け根に横ジワをつくります。あまり魅力的なシワとはいえませんね。このシワは「鼻の形を整える運動」が解消してくれます。

＊「鼻筋(びきん)」は鼻のつけ根から鼻柱全体に伸び、鼻孔までおおっています。「鼻の形を整える運動」で鍛えることができます。

＊「鼻中隔下制筋(びちゅうかくかせいきん)」は鼻の基底部分にある筋肉で、隔壁(かくへき)（鼻孔の間にある軟骨）を引き下げることによって鼻孔を閉じます。「鼻の形を整える運動」でこの筋肉を鍛えることによって、鼻が伸びたり大きくなったりするのを防ぐことができます。

＊「外鼻孔散大筋(がいびこうさんだいきん)」は鼻孔の外側周辺にあって、息を大きく吸い込むときに鼻孔が開くのは、この筋肉の動きによるものです。この筋肉を鍛えると、鼻の輪郭を整えることができます。

＊「内鼻孔散大筋(ないびこうさんだいきん)」は、両鼻孔の中に入ってすぐ内側の上部にある、薄くてデリケートな筋肉です。鼻孔を外側に向けて開く働きをします。

●あごの筋肉

　あごの開閉（たとえば、食べ物を噛んだり、あくびをしたりといったとき）に使われる筋肉です。日頃のストレスからあごが緊張したままの人が大勢います。あごの筋肉の位置と動きを知っておくと、筋肉の引き締めに役立つだけでなく、緊張が緩和されてリラックスできます。

　ここでおすすめのエクササイズは、「あごにハリを与える運動」。あごの筋肉全体を鍛えて、フェイスラインをすっきりと引き締めます。これであごのたるみは解消されます。

＊「咬筋(こうきん)」と「側頭筋(そくとうきん)」は互いに連携していて、食べ物を噛んだり咀嚼したりするときなど、力を入れて歯を閉じるときに一緒に動きます。歯ぎしりもこの2つの筋肉を使っています。

* 「外側翼突筋」は、太く短い筋肉で、円錐形です。口を開けたり、あごを左右に動かしたりという動きを支えます。
* 「内側翼突筋」は、分厚い四角形の筋肉。嚙み砕いたり、歯をすり合わせたりという動きに使われます。

### ●目のまわりの筋肉

「目は世界への扉」——そう訴えているのは、アリゾナ州スコッツデイルにあるイメージケア・レーザー・センターの院長ジェラルド・ウォルマン医学博士。顔のなかでもっとも重要な部分は目である、という彼の指摘はおそらく正しいでしょう。人はだれかと会ったとき互いに相手の目に引かれるものだからです。「アイコンタクト（相手と目を合わせること）」がきちんとできるようになることは、ビジネスの成功には必須。目のまわりを若返らせることは、顔の印象をよくするためのもっとも効果的な方法です。

一般に40歳以上になると、だんだんまぶたの皮膚のハリがなくなって下垂するもので、これは眼輪筋によって支えられている皮下組織の弾力性がなくなるせいで起こる症状だそうです。この弾力性の低下によって、まぶたの縁にふくらみができたり、目の下にたるみができたりします。また、小ジワや「カラスの足跡」の原因でもあります。

ウォルマン博士は眼科医として、また、目専門の美容外科医として22年以上の経験を持つ人です。その博士が明言してくれました。「定期的なフェイシャル・エクササイズで、眼輪筋など目のまわりにある筋肉を鍛えることは、まぶたの弾力性を向上させ、その結果、小ジワや目尻のシワなど、目のまわりのデリケートな肌の悩みを解消してくれるだろう」と。もう私があれこれいう必要はないでしょう。専門家がいちばんよく知っています。

* 「眼輪筋」は、眼窩を取り囲んでいるパワフルな筋肉。眠るときやまばたきをするときには、無意識のうちに動いてまぶたを閉じます。この筋肉全体に力を入れて目を閉じると、目尻から放射状にシワができます。このシワがいわゆる「カラスの足跡」。「目を大きくする運動」ではこの筋肉を鍛えてシワを予防します。

* 「上眼瞼挙筋」は、上まぶたにある薄い筋肉。上まぶたが垂れてこないように持ち上げています。「目を大きくする運動」はこの筋肉を引き締めてハリを保ち、若々しい目にしてくれます。
* 「頭蓋表筋」は、眉を持ち上げる筋肉。この筋肉を鍛えると、額から目のまわりにかけて、血行がよくなって酸素が行きわたります。頭蓋表筋のエクササイズを続ければ、眉の表情がやわらかくなり、リラックスした顔になります。

### ●首の筋肉

* 「広頸筋」は薄くて平べったい筋肉で、首の両サイドにあります。パワフルな筋肉で、首に斜めのシワをつくり、下あごを引き下げます。「首にハリを与える運動」と「首とあご先を引き締める運動」は、この筋肉を鍛えて引き締める効果があり、首のシワやたるみを解消してくれます。
* 「胸鎖乳突筋」は、頭を回転させたり、左右に動かしたりといった動きに使われます。
* 「僧帽筋」は、首の後ろから肩にかけての筋肉。頭を左右に動かすとき、胸鎖乳突筋と連携して働きます。

### ●耳のまわりの筋肉

耳のまわりの皮膚のすぐ下には、3つの小さな筋肉があります。顔の表情に与える影響はごくわずかなものですが、フェイスラインを引き締めてすっきりさせるために動かす筋肉と連動し合っています。頭と顔の筋肉を引き締めて最大限の効果をあげるためには、耳周辺の筋肉をどのように動かすかを知っておくこともとても重要です。

たとえば、あごのラインを引き締めるためのエクササイズをするときには、耳の筋肉を収縮させることに意識を集中してみてください。あご一帯の筋肉を意識することができて、エクササイズの効果が増します。上まぶたから眉のあたりを引き締めて持ち上げるエクササイズでは、耳の筋肉を収縮させると眉間のシワをゆるめてくれます。

* 「前耳介筋」は、もっとも小さな耳の筋肉。薄くて扇形。耳を前方

に引っ張る働きをしています。「あごを鍛える運動」で下あごを持ち上げる動きをするとき、耳を収縮させるように意識してみてください。
* 「上耳介筋(じょうじかいきん)」は、耳の筋肉で最大のもの。耳を持ち上げる働きをしています。その動きはほとんどわからないかもしれませんが、「小顔にする運動」のときに、この筋肉を意識してみましょう。顔の両サイドが持ち上がるようすを想像するときに、同時に耳が上がる感じでイメージしてみてください。実際に耳が上がるのが見えたり感じられたりしなくてもかまいません。筋肉の動きをイメージすることが、エクササイズを助けてくれるのです。
* 「後耳介筋(こうじかいきん)」は、耳を後方に引っ張っている筋肉。「顔をふっくらとさせる運動」では、顔を広げる感じで耳を後ろに押していると想像してみてください。頬がこけていたのが解消され、ギスギスしていた顔がふくよかになります。

● 準備はいいですか?

さて、顔のおもな筋肉の説明が終わったところで、実際に動かしていきましょう。筋肉をあなたの味方にしてしまうのです。

いよいよフェイササイズの開始です。やがて、自分を見る目が、そして他人のあなたを見る目が変わってくるでしょう。

写真家バーバラ・コルソンがいっていました。「シワじゃないのよ。ただ私の顔の大きさに対して皮膚が多すぎるだけ」。ごめんなさい、バーバラ——残念ながら、シワはシワです。でも、余分な皮膚を取り除く手術なんて必要なし。ただ引き締めればいいのです。フェイササイズならそれができます。

フェイササイズはすてきな旅への切符です。この旅できっとあなたも美しく若々しくなることでしょう。さあ、みなさんご乗車ください。お乗り遅れのないように!

# Chapter 5

*Let's Facercise*

# 14の基本フェイササイズ

## ●その前に…

　フェイササイズのプログラムは2部構成になっています。本章では14の基本エクササイズを覚えましょう。毎日エクササイズをするうちに、だんだん上手にできるようになるでしょう。このエクササイズは継続することが大切です。数週間も続ければエクササイズが習慣になって、期待していた変化が見られるようになります。

　変化が現れて、より立体的で輪郭のはっきりした顔になったら、6章に進んで、「プログレッシブ・フェイササイズ」をやってみましょう。ここではさらに、ハリのある引き締まった顔をつくるエクササイズをします。これは、顔全体を発達させるのに大変重要です。

　日々の大切な仕事と同じように、フェイササイズも最初から日課に組み込む必要があります。一日の最初にフェイササイズの14のエクササイズを1回ずつ通してやるのがいいでしょう。時間は10分少々かかります。ベッドに横になったままでもかまいません。夜、もう一度、約10分間のエクササイズを繰り返すといいでしょう。これで毎日2回、エクササイズを通しておこなうことになりますし、顔の緊張が解けて、夜、ぐっすり眠れます。

　期待どおりの成果を得るには、学習段階の6〜8週間、1日2回のエクササイズを続ける必要があります。私のクライアントの多くは、数か月間まじめにエクササイズしたところ、顔が5〜10年分も若返りました。

*Four tips for success*

## ●エクササイズを成功させるための4つのヒント

### 1 【基本姿勢】

#### Posture

　それぞれのエクササイズを始める前の準備として、おへそを背骨にくっつけるような気持ちで、できるだけおなかを引っ込めます。太ももの前の肉を意識して引き締めて、お尻を引き締めます。エクササイズの間、この姿勢を保ってください。この姿勢を保つことで身体が安定して、それぞれの顔の筋肉に意識を集中させることができます。

　このエクササイズには大変うれしいおまけがあります。お尻が小さくなったという人がたくさんいるのです。興味がわきましたか？　ここで一つ覚えておいてください。エクササイズを読み進めるなかで、「基本姿勢をとる」という指示があったらつねに、この姿勢をとってください。エクササイズの効果をもっとも高めてくれます。

### 2 【乳酸の燃焼】

#### Lactic acid burn

　エクササイズをしている筋肉グループがこわばって、痛みを感じるまで、そこに意識を集中させてください。疲れるまで運動することで、筋肉中に乳酸がたまります。乳酸の燃焼による痛みを感じたら、筋肉を最大限に使っている証拠です。苦労なくして得られるものは何もありません。

　指先はフェイササイズにおける「おもし」です。指先で力を加えることで筋肉の運動量を増やし、強化して、できるだけ短時間に成果をあげることができます。私は「パルシング」という言葉を使います。パルシングとは、指を筋肉の上で小刻みに上下に動かして、乳酸の燃焼を高めることです。この言葉を忘れずにいてください。とても効果があります。

*Let's Facercise*

## 3 【想像する】

### Visualization

　筋肉が運動しているときのエネルギーの流れを想像し、感じてください。筋肉が盛り上がり、顔を引き上げるようすを頭の中で思い描いてください。このあとのエクササイズの説明の中で、「顔のエネルギーの流れを追いかけてください」という言葉を使います。エネルギー（気）の流れという概念は、伝統的な中国医学における、エネルギーは体中にある気の道〝経絡（けいらく）〞を流れるという理論に基づいています。エネルギーの流れを感じ、思い浮かべれば、エクササイズのテクニックをより早く習得できるということを、私は経験から学びました。うれしいことに、こうしてエネルギーの流れを思い浮かべれば、想像力を使わずにエクササイズした場合よりも、筋肉が早く発達するのです。

## 4 【痛みをやわらげる】

### Ache away

　エクササイズのあとで筋肉の力を抜くために、唇をしっかり閉じて、唇の間から息を吐き出します。そのとき、唇を震わせてください。顔をお風呂の湯につけて、唇の間から泡を吐き出したときのような音がします。子供の頃にやったことがあるでしょう？　エクササイズのあとに毎回、この決まった動作をして、顔の筋肉の力を抜き、痛みをやわらげます。

*Let's Facercise*

## Exercise 1

### *The Eye Enhancer*
# 【目を大きくする】

### Benefits
## 効果

　目を大きくするエクササイズは目のまわりを取り囲んでいる眼輪筋を鍛えます。この筋肉は身体の中でもっとも大切な筋肉の一つで、目を開閉します。このエクササイズは目の付近一帯に血液を送り込み、上下のまぶたを強化します。また、目の下のふくらみを抑え、目の下のたるみを持ち上げて、結果的に眼窩(がんか)（眼球の入っている穴）を大きくするとともに、眠そうでない、輝きのある目にします。どうしてそんなことができるのか、ご説明しましょう。歳をとるにつれて、上まぶたの筋肉はハリを失い、眼窩の上に垂れ下がり、目をおおって、目が小さく見えます。上下のまぶたのハリを取り戻し、持ち上げることで、眼窩の輪郭がはっきりして、大きく見えるようになるのです。

### Hint
## ヒント

　このエクササイズは1日2回おこないます。下まぶたのたるみがはげしかったり、ふくらみがひどい場合は、1日3回繰り返します。眉間に置いた中指に少し力を入れることで、眉にシワができるのを防ぎます。人差し指を目尻に置いたとき、肌にシワが寄らないようにそっと力を入れます。

**➡ POINT**　目尻に置く人差し指と目の筋肉が引き合うように目を閉じる

*Method*

## 手順1

基本姿勢をとる（52ページ参照）。中指を眉間に置く。人差し指に軽く力を入れて目尻に置く。このとき、眉間や目尻の皮膚にシワが寄るほど引っ張らないこと。やや上を見て、強い光を見てまぶしいときのように下まぶたをぎゅっと縮める。目尻の筋肉が震えるのを指で感じる。「下まぶたを縮めたり緩めたりする」運動を10回繰り返して、毎回、筋肉の震えに意識を集中させる。

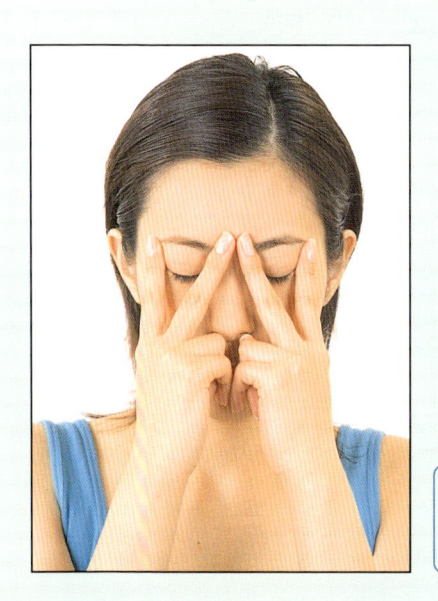

**この筋肉を意識！**

*Method*

## 手順2

下まぶたを縮めた状態から目を強く閉じる。お尻を引き締めたまま、40数える。その間、目をしっかり閉じ、お尻を引き締めることが重要。

Let's Facercise

**Exercise**

## 2

*The Lower Eyelid Strengthener*
# 【下まぶたにハリを与える】

### Benefits
### 効果

　このエクササイズも眼輪筋を強化して、下まぶたを引き締め、目の下のたるみをなくし、ふくらみを抑えます。目元が引き締まって、ハツラツとした顔になります。

### Hint
### ヒント

　このエクササイズは1日2回おこないます。目の下のふくらみがひどい場合は、1日3回おこなってください。肌にシワが寄らないように、目尻と目頭に置いた指にそっと力を入れてください。

**→POINT**　下まぶたの筋肉が震えるのを「指で感じる」ように

## *Method* 手順1

中指を目頭に、人差し指を目尻に置いて、軽く力を入れる（中指は眉間ではなく、目頭に置く。エクササイズ1と間違えないこと）。目頭や目尻の皮膚にシワが寄らないように注意する。やや上を見て、下まぶたをぎゅっと縮めて「まぶしい」目をする。目頭と目尻の筋肉が震える。下まぶたを縮めては緩める運動を10回繰り返す。その間、上まぶたは大きく開けたまま。

**この筋肉を意識！**

## *Method* 手順2

下まぶたを縮めたまま、「まぶしい」目を意識しながら、やや上を見上げた状態を保つ。お尻を引き締め、目頭と目尻の筋肉の収縮に意識を集中させながら40数える。

Let's Facercise

## Exercise 3

### *The Forehead Lift*
# 【額のシワを取る】

#### Benefits
### 効果

　いくつかの目的に使えるこのエクササイズは、眉を上げる頭蓋表筋、頭皮を前に引っ張る前頭筋、頭皮を後ろに引っ張る後頭筋、前頭筋と後頭筋をつなぐ帽状腱膜を鍛えます。このエクササイズは眉から額にかけてのシワを防ぐとともに、シワを減らし、眉を上げます。また、年齢とともに筋肉のハリが失われることによって上まぶたに生じやすくなるたるみをなくし、これを防ぎます。

#### Hint
### ヒント

　このエクササイズは1日2回おこないます。頭をすっきりさせ、注意力を高めるのにも役立ちます。しかめ面をしたような太い眉を治すには、このエクササイズを1日3回おこないます。額に置いた指がすべりやすければ、ティッシュペーパーを人差し指に巻きつけて、皮膚をしっかりと引っ張ります。

**➡POINT**　額だけでなく眉からうなじまで意識する

## *Method*

### 手順1

このエクササイズは座った姿勢でも横になっていてもできるが、横になってしたほうがよりエネルギーを発揮できる。両手の人差し指を額の真ん中（生え際と眉の中間くらい）に、指で眉の形をつくるように置く。眉に向けて指を引き下げて、そのまま眉を押し続ける。やや上を見る。指の力に抵抗するように、眉を強く押し上げることに意識を集中させる。「眉を上げては緩める」運動を10回繰り返す。このとき、額にシワをつくらないように注意する。

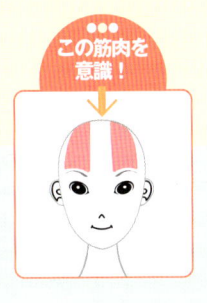

**この筋肉を意識！**

## *Method*

### 手順2

眉を上げたまま、指を下げ続ける。眉の上に帯状の強い圧迫感を感じるまで、眉を持ち上げたままの状態を保つ。圧迫感あるいは痛みを感じたら、眉を持ち上げたままでさらに指を押し下げ、30数える。力を抜き、円を描くように眉の中心をマッサージする。そうすることで筋肉の力が抜け、最適な筋肉の発達が促される。

*Let's Facercise*

Chapter 5

## Exercise 4

## *The Cheek Developer*
# 【頬を高くする】

### Benefits
## 効果

頬を高くするエクササイズは頬筋を鍛えます。この筋肉は頬のいちばん高い部分の丸みを形づくっています。このエクササイズは口のまわりの輪筋である口輪筋も鍛えます。頬を持ち上げて大きくし、目の下のたるみをなくします。

### Hint
## ヒント

このエクササイズは1日2回以上おこないます。パソコンに向かいながら、テレビを見ながら、あるいは歩きながらでも簡単にできます。あご先に痛みを感じるのは、「楕円形の口」をキープしながら笑顔をつくるとき、上唇ではなくあご先の筋肉を使っているからです。上唇だけを歯に押し当ててください。痛みをやわらげるために、唇の間から息を吐き出します。このちょっとした動作で筋肉中の乳酸が解放されて、痛みはたちまち消えるはずです。

**➔POINT**　頬の筋肉が動くのを人差し指で特に強く意識する

*Method*

## 手順1

座りながら、動きながら、あるいは横にまったままでもできる。このエクササイズは座った姿勢のほうがより「気合い」が入る。口がアルファベットの「O（オー）」の形になるように、上下の唇を丸めて口を開く。「オー」の形を保ったまま上唇を下げて、鼻の下を上の前歯に当てる。人差し指を両頬のいちばん高いところにそっと置く。

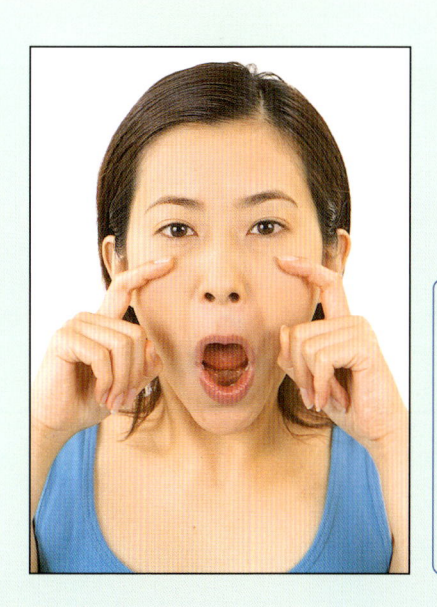

この筋肉を意識！

*Method*

## 手順2

「オー」をキープしたまま、口角を上げて笑顔をつくるつもりで、「頬を押し上げ、そして力を抜く」運動をすばやく連続35回繰り返す。このとき、頬の筋肉のエネルギーを高めるように意識する。「心と筋肉を連動」させて、笑顔をつくるたびに頬の筋肉が持ち上がるようすを思い浮かべる。このエクササイズをすると、頬の筋肉が動くのを感じるはず。笑顔をつくっては力を抜く運動に合わせて、お尻を引き締めては力を抜く運動を繰り返すと、頬が強く持ち上げられて、動きが大きくなる。

*Let's Facercise*

## Exercise 5

### *The Face Energizer*
# 【顔を生き生きさせる】

### Benefits
## 効果

　顔全体に効く、小顔をつくるエクササイズです。このエクササイズは頬を高くするエクササイズとよく似ているように見えるかもしれませんが、一つ大きな違いがあります。頬のエクササイズは頬を高く豊かにするためのものですが、顔を生き生きさせるエクササイズは上唇方形筋を鍛え、「心と筋肉を連動」させて、重力によるたるみや平面化を防止します。顔を生き生きさせるエクササイズは忙しい毎日のなかで顔に現れる疲れを取り除き、血行を促して、肌に血色のよい生き生きとした輝きを与えます。

### Hint
## ヒント

　このエクササイズは1日2回おこないます。普段よりも緊張やストレスを感じていたら、必要に応じて何度でもおこなってください。エクササイズのあとであごに痛みを感じたら、唇の間から息を吐き出してください。このちょっとした動作で筋肉中の乳酸が解放されて、痛みはただちにやわらぎます。

> **▶POINT**　頬を頭上に押し出すとき、あごの関節には力を入れない

*Method*

## 手順1

このエクササイズは、横になった姿勢のほうが、顔のストレスを思いきり押し出せるようだ。「オー」の口をつくって鼻の下を前歯に押しつけ、人差し指を頬のいちばん高いところにそっと置く。「オー」の口を保ったまま口角で笑顔をつくって人差し指の下で頬が動くのが感じられたら、口角を緩める。笑顔をつくるたびに頬の下の筋肉が持ち上がるようすを思い浮かべる。この運動を10回繰り返す。10回目の笑顔をつくったときに、頬を押し上げながら上唇と下唇をさらに強く引っ張る。

この筋肉を意識！
→

*Method*

## 手順2

人差し指を1センチぐらい顔から離し、顔の前で指を頭の方向に動かす。頬が額から離れてつむじのほうに向かい、二つの小さい風船のように、頭の上を通り抜けて外へ出ていくようすを思い浮かべる。指を頭のほうに動かす動作が、頬が頭の上のほうに移動するようすを思い浮かべるのに役に立つ。30数える間この姿勢を保ち、頭の上を見上げる。

## 手順3

両手をつむじの先のほうに伸ばし、頭を約2センチ持ち上げる。頭は、首の前面と引き締めたお尻で持ち上げるような感じ。頭を持ち上げたまま30数え、そのまま、頬が額を離れてつむじの先のほうへ移動し、頭のてっぺんから外へ出ていくようすをイメージする。その間、両手は伸ばしたまま。

*Let's Facercise*

## Exercise 6

*The Nose Shortener*
# 【鼻の形を整える】

### Benefits
## 効果

　鼻のエクササイズは上唇から鼻にかけての血液と酸素の流れを正しく刺激します。クライアントの多くが鼻のまわりがヒリヒリするといいます。これはよい兆候です。この部分の血行がよくなった証拠で、期待どおりの結果です。鼻は一生成長を続け、鼻の先は歳をとるとともに下がり、横に広がります。このエクササイズは鼻に効果的で、鼻中隔下制筋を鍛えることによって、垂れた鼻の先を短く細くします。

### Hint
## ヒント

　鼻の形を整えるエクササイズは1日1回おこないます。鼻が理想よりもほんの少し大きかったり、ほんの少し横に広がっている人は、エクササイズを1日2回おこなってください。鼻の整形手術をした人のなかには、このエクササイズを数週間続けたら鼻がより自然な形になったという人もいます。私も実際にやってみて効果があったのですから、その話は嘘ではありません。

> **POINT** 鼻先を床につけるような気持ちで1回ごとに強く力を入れる

## Method

### 手順1

このエクササイズは動きながらでも、座った姿勢でも横になったままでもできる。私は電話をかけながらする。鼻の頭を人差し指でしっかりと押し上げる。鼻の穴を閉めるつもりで、小鼻を押し下げる。しばらくそのままの状態を保つ。

**この筋肉を意識！**

## Method

### 手順2

「小鼻を緩めたり押し下げたりする」運動を35回繰り返す。毎回、鼻の頭が指を押し下げるのを感じるようにエクササイズを繰り返す。その間、普段の速度で呼吸を続ける。

*Let's Facercise*

**Exercise**

# 7

## *The Mouth Corner Lift*
# 【口角を上げる】

### *Benefits*
### 効果

残念ながら、年齢を重ねるにつれ、大頬骨筋はたるみ、口角が下がってきます。このエクササイズは口角を引き締め、適切な方向に引き上げて元通りにします。このエクササイズはほとんどどんな姿勢でもできます。私はスーパーのレジに並びながら、暇つぶしにしています。

### *Hint*
### ヒント

このエクササイズが成功するかどうかは、「心と筋肉を連動」させられるかどうかで決まります。人差し指をパルシングしながら、心のなかで口角が上下に約1センチ動くようすを思い浮かべます。これは実際の動作ではなく、心の中での動きです。このエクササイズは1日2回やって、お母さんのような口元になってしまうのを防ぎましょう。

**➡ POINT** 途中で力が抜けてしまうと、なかなか痛くならないので注意

*Method*

## 手順1

上下の唇を歯に強く押しつける。このとき、唇をすぼめてはいけない。2個の小さいレモンを両側の奥歯の方向に吸い込むように、口角をキュッと引き締める。歯は食いしばらないこと。エクササイズの間、安定した普段の呼吸を保つ。人差し指を軽く、添えるように口角に置く。口角を引き締めながら、小さい笑顔をつくるように口角が上がるようすを想像する。

この筋肉を意識！

*Method*

## 手順2

指を顔から1センチほど離し、口角を中心に小刻みに上下に動かす。口角のエネルギーを想像しながら指を動かし続ける。口角の両端に痛みを感じたら、指をすばやく上下に動かしながら30数える。この動作をすることで口角がより熱くなってくる。痛みを解放するために、唇の間から息を吐き出す。

*Let's Facercise*

## Exercise 8

### *The Lip Shaper*
# 【唇の形を整える】

### Benefits
## 効果

口のまわりの口輪筋を鍛えることで、口は若返り、引き締まってふっくらします。また、唇は大きくなり、上唇の外側の輪郭はなめらかになります。私はこれを「コラーゲンを使わないのに使ったような」外観と呼んでいます。

### Hint
## ヒント

このエクササイズは1日2回おこなって、薄い唇をふっくらさせます。口のあたりにストレスと緊張をためている人にとって、すばらしいエクササイズです。唇をすぼめずに、ただしっかり閉じます。唇の輪郭にシワをつくらないようにおこなってください。

→ POINT 「唇の真ん中」に意識を集中する！

## *Method*
### 手順1

横になりたくなったときによくやるエクササイズ。唇をしっかり閉じながら、精いっぱい口をとがらせる。唇に鉛筆を挟んで折るようなつもりで、唇の真ん中に力を入れる。唇を内側に巻き込むのではなく、上下の唇で押し合う感じ。歯を食いしばってはいけない。人差し指で唇の真ん中を軽くたたく。

**この筋肉を意識！**

## *Method*
### 手順2

意識を前方に集中させながら、指を唇の真ん中からゆっくりと前のほうに離す。唇に挟んだ鉛筆が長くなるようすを想像する。エネルギーのたまったポイントを前に引き出して、痛みを感じるまで想像上の鉛筆を伸ばす。痛みを伴う震えを感じたら指を上下に小刻みに動かしながら、30数える。閉じた唇の間から息を吐き出して、乳酸を解放する。

Let's Facercise

## Exercise 9

*The Nasal Labial Smoother*
# 【口元のシワを取る】

### Benefits
### 効果

このエクササイズで、顔つきはかなりよくなります。前後の鼻孔圧迫筋を鍛えて、鼻から口角にかけての深い溝を埋め、加齢によるシワを伸ばします。

### Hint
### ヒント

「心と筋肉を連動」させて乳酸の燃焼を高め、その結果、筋肉の発育を早めます。最適な結果を得るには1日2回おこなってください。

> **POINT** 指を使ってイメージを助けることがとても重要

*Method*

## 手順1

このエクササイズはまっすぐ座った姿勢でおこなうと効果的。「オー」の口をつくり、鼻の下を歯に押しつける。小鼻から口角にできる「ほうれい線」の中心のあたりに、人差し指をそえる。

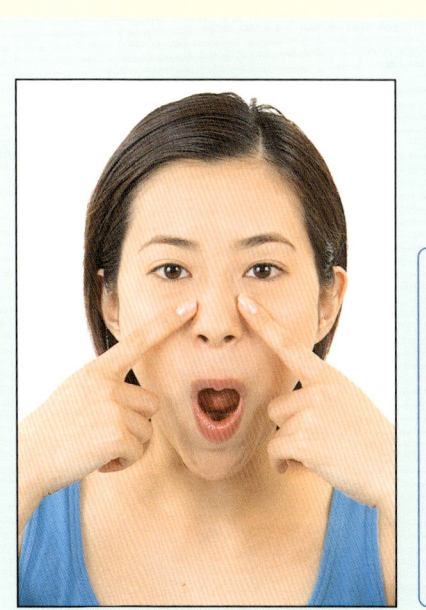

**この筋肉を意識！**

*Method*

## 手順2

「オー」をキープしたまま、小鼻の脇の筋肉を目のほうへ押し上げるように意識する。エネルギーのラインが、口角から小鼻の両脇へと上に移動するようすを思い浮かべる。人差し指でこの想像上のラインを上にたどる。次に、エネルギーの流れが想像上のラインを折り返して下に戻り、口角に向かうようすを思い浮かべる。このエネルギーがほうれい線の上下の端を行き来するように、人差し指を動かし続け、想像上のエネルギーを強める。鼻から唇にかけてのラインに痛みを感じるまで続ける。痛みを感じたら、人差し指を上下に小刻みに動かしながら30数える。唇の間から息を吐き出す。

*Let's Facercise*

## Exercise 10

*The Neck Strengthener*
# 【首にハリを与える】

### Benefits
### 効果

このエクササイズは首にある広頸筋、胸鎖乳突筋、僧帽筋を強化します。これらは大変重要な強い筋肉で、頭をまっすぐに支えるのに使われます。これらの筋肉を鍛えて、たるんだ首の皮膚を引き締め、なめらかにします。エクササイズを始めてわずか数日で、頭をよりまっすぐに支えられるようになり、間違いなく姿勢がよくなります。つねに油断なく、自信満々に見えます。

### Hint
### ヒント

このエクササイズは首の太い人は1日1回おこないます。首が長く細い人は1日2回おこないます。エクササイズをするときはお尻の筋肉と首の前面を使ってください。間違って首の後ろ側の筋肉を使う人がたくさんいますが、そうすると首が痛くなります。

*Let's Facercise*

> **➜POINT** 首の両側の胸鎖乳突筋が強く張り出すように頭を動かす

*Method*

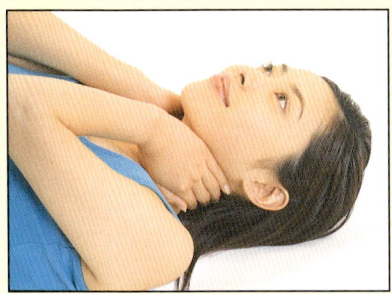

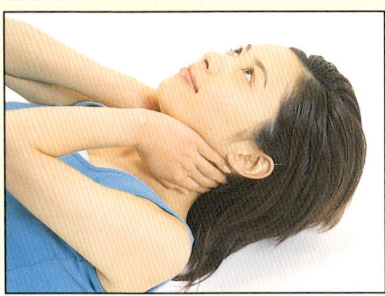

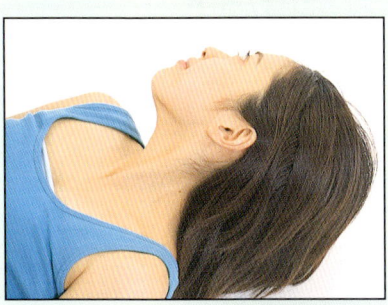

## 手順1

横になった姿勢が適している。自分で自分の首を締めるように、両手首を向かい合わせて、両手の手の平で首の前面をつかむ。両手を首の前で交差させないこと。

## 手順2

頭を約1センチ床から持ち上げる。首の前面と引き締めたお尻の力で持ち上げる。このとき首の前面を反らせ、できるだけシワをつくらないようにする。一拍おいたあと、力を緩めて頭を床に下ろす。「頭を上げて、下ろす」運動を30回繰り返す。首の筋肉が収縮して、手の平を押し返すのがわかる。

**この筋肉を意識！**

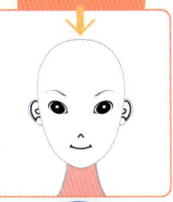

*Method*

## 手順3

腕を身体の脇に置く。お尻は引き締めたまま、頭と肩を床から1センチほど持ち上げる。このとき首の前面の力で持ち上げる。頭を右に回す。

## 手順4

「首を左右に回す」運動を20回繰り返したら力を抜く。30回までなら、回数を増やしてもよい。

*Let's Facercise*

## Exercise 11

## *The Jaw Strengthener*
# 【あごにハリを与える】

### *Benefits*
### 効果

このエクササイズはあごの内側翼突筋に効果があります。この筋肉を鍛えると、たるんだあごにハリを与え、下あごの輪郭に沿った皮膚のたるみをなくしたり、抑えたりします。

### *Hint*
### ヒント

あごの関節ではなく、口角ですくい上げるようにしてください。下あごの輪郭のたるみを防ぐには、このエクササイズを1日2回おこなうことをおすすめします。このエクササイズは顎関節症候群のつらい症状を緩和するのに役に立つという人もいます。

**➔POINT** 必ず「口角を奥歯の方向に引き続け」ながらあごをすくう

### Method

#### 手順 1

このエクササイズは座った姿勢でやるとよい。呆気にとられたときのように口を開けて、下唇を下の歯にぴったりと巻きつける。口角を上の奥歯の方向に引く。上唇は巻きつけず、歯にしっかりと押しつける。下あごをやや前に出す。人差し指をあごの先に置いて、軽く下のほうに押す（指は「おもし」の役割を果たす）。ゆっくりと「すくい上げる」ような動きで下あごを動かし、口角に力を入れながらあごを開いたり閉じたりする。

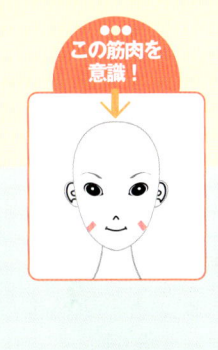

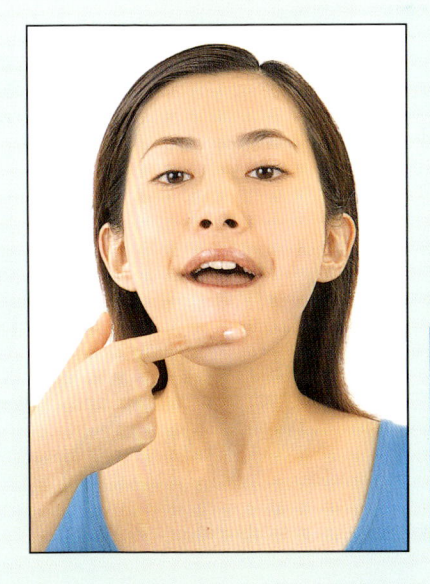

**この筋肉を意識！**

### Method

#### 手順 2

すくい上げる動作のたびに、あごの先の位置を1センチほど上げていく。ゆっくりと集中してすくい上げながら、顔の側面が持ち上がるようすを想像する。この運動を、下あごのラインが熱くなるまで続ける。その頃には、頭は後ろに傾き、あごの先は天井を向いているはず。すくい上げた状態であごの動きを止める。下あごのラインの燃焼を感じながら、30数える。

*Let's Facercise*

## Exercise 12

### *The Face Widener*
# 【顔をふっくらとさせる】

### *Benefits*
### 効果

このエクササイズは面長で、痩せた細い顔の人に大変効果的です。痩せた顔の筋肉をよみがえらせ、穏やかな表情にするのに役に立ちます。

### *Hint*
### ヒント

細い、痩せた顔を直すには、このエクササイズを1日2回おこないます。顔が十分ふっくらしている人は、このエクササイズを省略してください。

> **POINT** 顔の側面に強い燃焼を感じるようにゆっくりおこなう

### Method

#### 手順1

このエクササイズは、横になってやったほうが、心のなかで顔の側面をより簡単に広げることができる。エクササイズ11のように口を開けて、口角を上の奥歯の方向に引き、下唇を歯にぴったりと巻きつける。上唇は上の歯にしっかりと押しつける。切ったスイカのような半円の形に口を保つ。口角から筋肉が生まれてきて、大きくふっくらとした豊かな頬をつくり、痩せた部分を満たすようすを想像する。親指以外の4本の指を口角の両脇に置いて、顔の上で小さい円を描く動作を繰り返す。この動作は心のなかで顔の側面を広げるのに役に立つ。

**この筋肉を意識！**

### Method

#### 手順2

筋肉が広がるのを感じるようになったら、円を描く動作を続けながら、両手をゆっくりと顔から離す。顔の側面が熱くなるのを感じたら、指ですばやく円を描いてエネルギーを高める。30数える間、この動作を続ける。力を抜いて唇の間から息を吐き出す。

Let's Facercise

## Exercise 13

### *The Face Slimmer*
# 【小顔にする】

---

#### Benefits
## 効果

　小顔にするエクササイズは幅の広い顔を細くし、引き締めて、ハリのある顔にします。顔の細い人は、このエクササイズで顔の側面のハリを保つことができます。頬筋を鍛えることで、顔の筋肉にいっそうのハリを与えます。自分の顔が広いか狭いかわからない人は、仲のいいお友達にたずねてみましょう。

---

#### Hint
## ヒント

　顔が厚ぼったく、むくんでいる人は、このエクササイズを1日2回おこなってください。顔が痩せている人は、1日1回のエクササイズでハリを保つことができます。

---

**➡ POINT** 　つねに口の形をキープして口角を奥歯の方向へ引き続ける

## Method
### 手順1

このエクササイズは横になってやったほうが動作がしやすい。ポカンと口を開けて、上下の唇をそれぞれ歯にかぶせるように強く巻き込む。エクササイズ11や12と違い、上唇も歯に巻き付ける。口角を上の奥歯の方向に引く。あごの両脇に手を置き、顔が持ち上がるようすを想像しながら、顔の側面に沿って手をゆっくりと上に動かす。「心と筋肉を連動」させて、顔の側面が上へと動き、あごの輪郭に沿って、頭上に移動するようすを思い浮かべる。目はやや上を見る。

**この筋肉を意識!**

## Method
### 手順2

顔の側面が熱くなるまでこの動作を続ける。痛みを感じたら、両手を顔の上のほうに保持し、その姿勢のまま30数える。力を抜いて、唇の間から息を吐き出す。

Let's Facercise

## Exercise 14

### *The Neck and Chin Toner*
# 【首とあご先を引き締める】

### *Benefits*
### 効果

このエクササイズは広頸筋を鍛えて強くし、あごの先、首、フェイスラインを引き締めるのに効果的です。二重あごがすっきりし、場合によってはほとんど目立たなくなります。

### *Hint*
### ヒント

このエクササイズは1日2回おこないます。二重あごで悩んでいる人は、1日3回おこなってください。

**➔POINT** 首だけでなく、あごの裏やフェイスラインも意識する

## Method

### 手順1

あごの先をやや高く上げて、頭が天井から吊られているつもりで背筋を伸ばして座る。唇を閉じて、歯を見せずに口角で強く笑う。片手をのど元の鎖骨の上に置いて、首の皮膚のシワを伸ばすつもりで、首をしっかり握って皮膚をわずかに引き下げる。首が長く伸びていくのをイメージする。

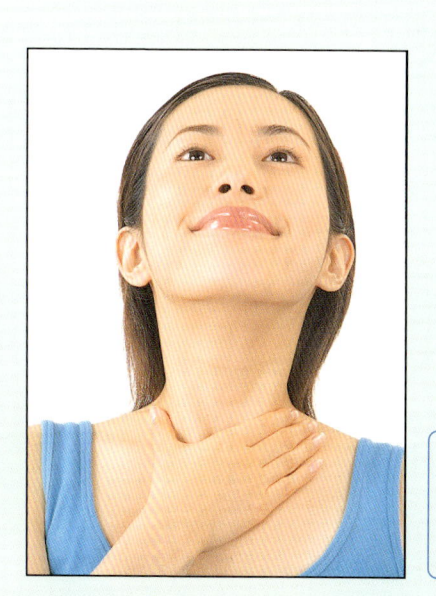

**この筋肉を意識！**

## Method

### 手順2

笑ったまま頭を後に反らし、3つ数えてから元の姿勢（あごはやや上向き）に頭を戻す。このとき、あごの先と首の筋肉が強く引っ張られるのを感じる。「頭を反らし、元に戻す」動作を、35回繰り返す。

Let's Facercise

# Chapter 6

*Let's get specific*

# 9つのプログレッシブ・フェイササイズ

## ●あなたに合った次のステップへ

　私はプログレッシブ・フェイササイズのプログラムも開発しました。内容は、よりいっそう顔の輪郭をはっきりさせたい人、あるいは顔の特定の場所の筋肉を発達させたい人のための9つのフェイシャル・エクササイズです。

　これからご紹介するエクササイズは、一見、基本フェイササイズと同じように見えるかもしれませんが、微妙な違いがあります。これらのエクササイズは筋肉を少し違う方法で鍛え、より明確で劇的な変化をもたらします。

　プログレッシブ・フェイササイズだけではなぜいけないのかと不思議に思われるかもしれません。基本フェイササイズなんて必要ないんじゃないかしら？　答えは簡単です。走れるようになる前にはまず歩けるようになる必要がある、ということです。プログレッシブ・フェイササイズに進む前にまず、顔の基礎を築く必要があるのです（それが14の基本フェイササイズです）。

　基本フェイササイズはだれにとっても大変効果があります。目の下のたるみや唇のまわりの小ジワなど、特定の場所を少しずつ調整、あるいは修正したいと考えている人は、目の下のたるみを引き上げるエクササイズ、あるいは唇にハリを与えるエクササイズを基本プログラムに追加すると、進歩が早くなります。基本を最初に覚えて、

特定の場所にさらにエクササイズが必要だと思ったら、先に進んでください。

では、プログレッシブ・フェイササイズを始めます。このエクササイズをするときは、姿勢が重要です。始める前におへそを背骨のほうに引いてください。次に、太ももの前の肉を意識して引き締めて、お尻をキュッと引き締めます。エクササイズの間、この姿勢を続けてください。

「唇をしっかり閉じて息を吐き出す」という指示があったら、筋肉にたまった乳酸を解放するために必要な、息を吐く動作をしてください。すべてのエクササイズで痛みを感じなくても、顔と首の筋肉の力が抜けますから、ぜひおこなってください。

**Exercise**

**1**

*Under-Eye Hollow Lift*
# 【目の下のたるみをなくす】

### Benefits
### 効果

　目の下のたるみを引き上げるエクササイズは、目全体を取り囲んでいる眼輪筋の下にある瞼板張筋を鍛えます。下まぶたと頬がたるみ始めると、目の下のたるみがはげしくなります。このエクササイズは下まぶたにハリを与えて強化し、たるみをなくします。

### Hint
### ヒント

　目の下のたるみが深くて悩んでいる人は、このエクササイズを1日3回おこなってください。

*Let's get specific*

▶ **POINT**　まばたきは「大きく速く」おこなう

### *Method*

## 手順1

このエクササイズは座った姿勢でおこなう。基本姿勢をとる。人差し指をアイホールの骨のきわにそっと置く。「オー」の口をつくり、鼻の下を上の歯にくっつける。その状態を保ったまま、目を閉じる。

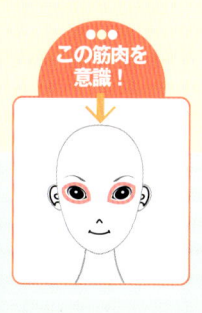

### この筋肉を意識！

### *Method*

## 手順2

目を開けて、黒目を頭の後ろのほうへ回転させるように、白目をむく。その状態で60数える間、上まぶただけですばやくまばたきをする。簡単に動かしているように見えるかもしれないが、下まぶたの筋肉に緊張を感じる。

Let's get specific

## Exercise

## 2

*Eye Opener*
# 【目をパッチリさせる】

### Benefits
### 効果

　目をパッチリと大きくさせるエクササイズは眼輪筋と上まぶたのハリを維持するのに効果があります。これらの筋肉の力を抜くと、目が眠そうになります。そういう顔はだれでも見たことがあるでしょう。たった今起きたばかり、あるいは今にも眠りそうに見えます。生気あふれる表情とはいえず、そんな顔に見られたいと望んでいる人は私の知るかぎりいません。ですから、そのような表情を防ぐための方法を説明します。このエクササイズはまぶたを引き上げ、パッチリとした目をつくります。

### Hint
### ヒント
眠そうな目をした人は、このエクササイズを1日2回おこないます。

*Let's get specific*

→ **POINT**　まぶたを動かすとき、眉や眼球は動かさないように！

*Method*

## 手順1

このエクササイズは座っておこなう。中指と人差し指をこめかみに置いて、そっと皮膚を押し上げる（シワができないように）。目はまっすぐ前に焦点を合わせる。眉を動かさずに、「上まぶただけを持ち上げては力を抜く」運動を30回繰り返す。「上まぶたを上げては力を抜く」と頭の中で考える。

この筋肉を意識！

*Method*

## 手順2

膝のあたりに視点を変えて、上まぶたを下げて眠いときのような目にする。「上まぶたを上げては力を抜く」運動を30回繰り返す。その後、しっかり閉じた唇の間から息を吐き出し、筋肉の力を抜く。

*Let's get specific*

**Exercise**

**3**

*Cheek Lift*
# 【頬を上げる】

### Benefits
## 効果

　頬を上げるエクササイズは頬筋を鍛えます。前述しましたが、重力によって頬が下に引っ張られるために、顔が平べったくなって、老けた顔になります。ですが、老化に抵抗することはできます。その方法を説明しましょう。このエクササイズは頬を上げて元の場所に戻すことを目的としており、顔の輪郭をはっきりさせるのを助けます。

### Hint
## ヒント

　頬が顔の低い位置にある人や顔が平坦な人は、このエクササイズを1日2回おこなってください。

*Let's get specific*

**→POINT** 「オーの口」と頬がお互いに引っ張り合うように！

*Method*

## 手順1

顔をしっかり前に向け、胸を張って座る。「オー」の口をつくって、鼻の下を伸ばす。片手の人差し指をあご先に置いて、軽く下に押して「おもし」にする。

**この筋肉を意識！**

*Method*

## 手順2

「オー」の口をキープしたまま頭の上を見上げて、下まぶたを縮める（白目はむかない）。頭を上げすぎないように、正面の上のほうにある太陽を見るつもりで「まぶしい」目をつくる。上唇で笑顔を強くつくって頬を上げる。そのままで30数える。その後、しっかり閉じた唇の間から息を吐き出す。

*Let's get specific*

**Exercise**

# 4

## *Lip Tone*
# 【唇をふっくらとさせる】

---

### *Benefits*
### 効果

このエクササイズをすれば、口の主要な筋肉がすべて鍛えられます。定期的に実行することで、唇がふくらみ、ハリが出て、唇の輪郭がなめらかになります。

---

### *Hint*
### ヒント

ストレスによるシワを唇から取り除きたい人は、このエクササイズを1日2回おこないます。座ったり横になったり姿勢を交互に変えておこなってください。

---

*Let's get specific*

➡ **POINT** 「唇の中心」に意識を集中する!

*Method*

## 手順1

鼻の下が上の歯の歯茎に当たるように鼻の下を伸ばし、上唇を歯に巻きつける。下唇も下の歯に巻きつけ、口を閉じる。エネルギーを唇の中心に集中させる。人差し指を使ってあご先の筋肉を押し上げる。唇を巻き込む動作に意識を集中させる。歯は食いしばらない。この形を続けて、唇が熱くなったら30数える。しっかり閉じた唇の間から息を吐き出し、筋肉の力を抜く。

この筋肉を意識！

Let's get specific

## Exercise 5

## *Lip Corners Up*
# 【口角を引き締める】

### Benefits
### 効果

唇の端を上げるエクササイズは、口角をキュッと引き締め、老けて見えるのを防ぎます。口角が上がるだけで顔全体の印象が変わって、若々しく見えるでしょう。

### Hint
### ヒント

このエクササイズを1日2回おこなうと、非常に短期間で、唇の端に驚くべき変化が現れます。

*Let's get specific*

➡ **POINT** 痛くても力を抜かず、ゆっくりと30数えること

*Method*

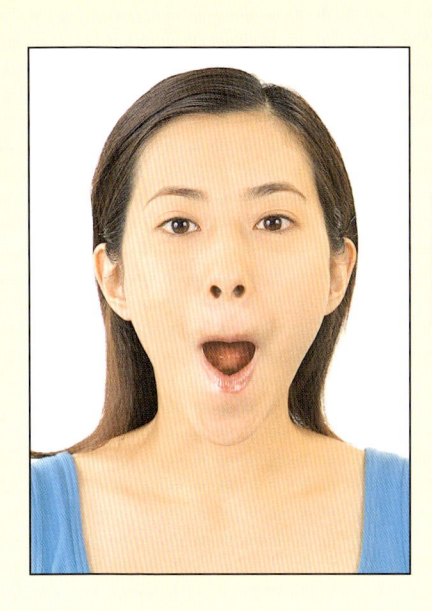

## 手順1

このエクササイズは座っておこなうほうが精神的なエネルギーをより発揮できる。「オー」の口をつくり、鼻の下を上の前歯に押しつける。「オー」をキープしたまま、80回口角で笑う。

**この筋肉を意識！**

*Method*

## 手順2

口角に痛みを感じながら30数える間、人差し指を肌につけずに口角のあたりで小刻みに動かす。その後、しっかり閉じた唇の間から息を吐き出す。

*Let's get specific*

Chapter 6

## Exercise 6

### *Lower Face Lift*
# 【口元にハリを与える】

---

**Benefits**

## 効果

　顔の下の部分を引き上げるエクササイズはあごと口の主要な筋肉を鍛えて、ハリを与えます。あごを引き締め、顔の輪郭を改善するのに役に立ちます。

---

**Hint**

## ヒント

　このエクササイズは顔の下の部分を引き締めるのに大変効果的です。エクササイズを１日２回おこなってこの部分を強化し、ハリを与えれば、たるんだ顔とはさよならです。

---

*Let's get specific*

▶**POINT**　動かすのは口角ではなく頬の内側の筋肉です

*Method*

## 手順1

このエクササイズは座った姿勢でおこなう。口を大きく開けて、上下の唇を歯に巻きつける。口角を上の奥歯の方向に引いて、ぴったりと巻きつける。頭のてっぺんを見上げて、口角が耳のほうに引っ張られるように笑顔をつくる。人差し指を耳の前に置く。

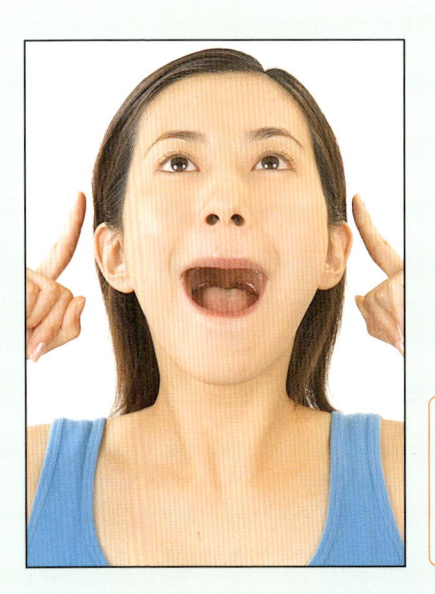

**この筋肉を意識！**

*Method*

## 手順2

人差し指で耳の前から耳の上にかけて、想像上の笑顔のラインを描く（うれしいときの顔を想像する）。指を耳の上でキープしたまま、顔を前に押し出して、両肩を後ろに引く。笑顔のラインに痛みを感じたら30数える。しっかり閉じた唇の間から息を吐き出す。

*Let's get specific*

## Exercise 7

*Lower Eyelid Firmer*
# 【下まぶたを引き締める】

### Benefits
### 効果

下まぶたにハリを与えるこのエクササイズは目のまわりの眼輪筋を鍛え、下まぶたを引き締めます。目の下のたるみをなくし、頬の上のほうに筋肉をつける効果があります。

### Hint
### ヒント

目の下のたるみや目の下のふくらみのひどい人にとって、このエクササイズは最適です。そのような人はエクササイズを1日2回おこなってください。

➡ **POINT**　ゆっくりと、下まぶたと頬の両方の筋肉を意識する

*Method*

## 手順1

このエクササイズは座っておこなう。中指を目頭に置き、人差し指を目尻に置く。「オー」の口をつくり、鼻の下を上の歯に押しつける。

**この筋肉を意識！**

*Method*

## 手順2

下まぶたを思いきり縮めて、「まぶしい」目をつくる。頬の下のエネルギーを押し上げるつもりで、口角で笑顔をつくる。天井を見上げ、そのまま10数え、力を抜く。このエクササイズを4回繰り返す。

*Let's get specific*

## Exercise 8

*Defined Face Energizer*
# 【フェイスラインをはっきりさせる】

### Benefits
### 効果

　前章の「顔を生き生きさせる」エクササイズと、このエクササイズは似ているかもしれません。実際よく似ています。しかし、この、より高度なエクサイズは鼻の脇と頬の間の平らな部分を埋めます。「顔を生き生きさせる」エクササイズではそうなりません。この運動は顔に柔らかさを与え、若返らせます。口輪筋と上唇挙筋を鍛え、この部分に筋肉をつけます。

### Hint
### ヒント

　フェイスラインをもっとはっきりさせるには、このエクササイズを1日2回おこないます。

*Let's get specific*

→ **POINT**　頬をできるだけ遠くへ押し出すようイメージする

*Method*

## 手順1

このエクササイズは横になっておこなう。「オー」の口をつくり、鼻の下を上の歯に押しつける。人差し指を頬のいちばん高いところにそっと置く。「オー」の形をキープしたまま、口角で笑顔をつくり、力を抜く。人差し指の下で頬が動くのがわかる。笑顔をつくるたびに頬の下で筋肉が押し上がるようすを想像する。この運動を10回繰り返す。

*Method*

## 手順2

10回目の笑顔をつくったら、全力で上唇と下唇をさらにあごのほうに引っ張る。両手が鼻の脇に沿って、左右それぞれの眉の真ん中を通り、頭のてっぺんを抜けて移動するようすを思い浮かべる。両手を頬から2〜3センチ離して、30数えながら、エネルギーの流れを追うようにゆっくり頭のてっぺんのほうに移動させる。

*Method*

## 手順3

首の前面の筋肉と引き締めたお尻を使って、頭を約1センチ床から上げる。30数える間、両手をつむじの先のほうに上げたまま、エネルギーを保つ。その後、しっかりと閉じた唇の間から息を吐き出し、筋肉の力を抜く。

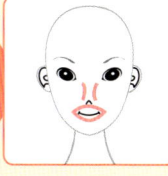

●●●
この筋肉を意識！
→

*Let's get specific*

## Exercise 9

*Lip Line Smoother*
# 【唇をくっきりさせる】

### Benefits
### 効果

　このエクササイズは上唇のシワを取り、輪郭をくっきりと、なめらかにします。上唇の二つの山もくっきりとして、少し上向きな印象のセクシーな唇になります。

### Hint
### ヒント

　指で唇を押し下げます。このエクササイズは上唇の輪郭をなめらかにするのに大変効果的です。

*Let's get specific*

**➡ POINT**　上唇と頬がお互いに引っ張り合うように力を入れる

*Method*

## 手順1

このエクササイズは座っておこなう。「オー」の口をつくり、鼻の下を上の歯に押しつける。上下の唇を歯に巻きつける。中指を上唇の真ん中に、人差し指と薬指を唇の両端にそれぞれ置いて軽く押す。

**この筋肉を意識！**

*Method*

## 手順2

口の形を保ったまま、「上唇だけですばやく笑顔をつくる」運動を40回繰り返す。笑顔をつくったまま、上唇が押し上げられて鼻にくっつくようすを想像する（実際はくっつけず、3本の指で上唇の上を押さえて抵抗をつくる）。そのまま20数える。しっかり閉じた唇の間から、息を吐き出す。

Let's get specific

# Chapter 7

*Skincare essentials*

# 知っておきたい
# スキンケアのポイント

## ●皮膚の特性

　皮膚には驚くべき力があります。まず、皮膚は人の身体で最大の器官であり、他の器官を非常に効率よく保護し、24時間、感染や有毒物質を防ぎ、他にも無数の離れ業を演じています。皮膚は私たちの体重の約15％に相当します。皮膚のおおよその成分比は、水70％、タンパク質25.5％、脂質２％、微量ミネラル0.5％、その他の成分が２％です。

　皮膚は主に表皮、真皮、皮下組織の３つの層で成り立っています。表皮は、皮膚のもっとも外側の薄い層で、３つの絡み合うタイプの細胞で構成されています。この３つの細胞とは、ケラチン（角質）というタンパク質を生成するケラチン生成細胞、太陽の有害な紫外線から私たちを守るメラニン色素を生成するメラニン形成細胞、そして皮膚を通過しようとする異物をさえぎるランゲルハンス細胞です。

　表皮は皮膚細胞が成長する主な場所です。新しい細胞は成熟した細胞を上に押し上げます。この成熟した細胞が表皮のいちばん上の層（角質層）に達すると死んではがれ落ちます。新しい細胞は約28日周期で表皮に現れますが、この周期は日焼け、刺激のきつい洗顔クリームの使用、皮膚の炎症などの条件によって早まることもあります。皮膚を丁寧に洗い、水分を補うことで表皮に栄養を与えることができます。

　真皮は皮膚の真ん中の層です。皮膚の厚みの約90％に相当します。この複雑な皮膚の層には、コラーゲンとエラスチンの繊維が密で丈夫な網の目状になって存在します。コラーゲンは構造の支えを担当し、エラスチンは皮膚に弾力性を与えています。真皮には皮脂腺（汗腺）、毛包、わずかな神経細胞と筋肉細胞もあります。皮脂腺は毛包のまわりにあり、皮脂（皮膚と髪の毛に油分を補い、

水をはじく油性の保護物質）を生成します。皮脂腺が生成する皮脂が不十分だと、皮膚が乾燥してシワができやすくなります。皮脂腺が皮脂を出しすぎると、吹き出ものやにきびの原因になることがあります。皮脂腺は水分と塩分を分泌します。真皮で生成された油と水は乳状液になり、表皮を守り、油分を補います。この乳状液は油分と水分が失われるのを防ぎ、その結果、皮膚の酸（pH）バランスを正常に保つのに役立ちます。真皮の状態は間違いなく、皮膚のハリや輪郭を形づくっているのです。

　皮下組織は皮膚のもっとも内側の層です。この組織は真皮の下にあり、主に脂肪でできています。皮下組織は「ショックアブソーバー」として機能します。皮膚に柔軟性と弾力性を与え、身体をおおい、その下にある組織をケガから守っています。この組織には保管場所としての機能もあり、化学物質、薬物、栄養素を吸収します。このタイプの組織はしばしば年齢とともに失われ、顔のたるみや、より目立つシワの原因となります。

　私たちのほとんどは正常な皮膚を持って生まれてきますが、遺伝的性質およびライフスタイルによって、年齢とともに皮膚の健康が損なわれる可能性があります。皮膚の健康と活力は個人の習慣を改善することで向上します。まずは専門のスキンケア・プログラム、果物、野菜、食物繊維をとる栄養価の高いダイエット、顔と身体のエクササイズ、外界からの適切な保護、十分な睡眠と建設的なストレス管理から始めてください。目的にあった一貫したライフスタイルを選ぶことが、見た目と気持ちの元気を保つための鍵です。

　歳を取るにつれて、コラーゲンとエラスチンが減り始め、痩せた皮膚、シワ、顔のたるみといった老化現象の原因となります。コラーゲンを注入して赤くふくらんだ唇はハリウッド女優の間で明らかに流行しているようです。しかし、この方法は大変費用がかかるうえ、痛みを伴い、また一時的な効果しかありません。老化した皮膚にコラーゲンとエラスチンを自然に回復させる方法はあり

ません。あらゆるエクササイズ、特に顔のエクササイズは、下にある筋肉を発育させて、失われたこれら必須の要素を補うのを助け、皮膚の強さと美しさを改善します。

## ●皮膚の保護

　健康で輝くような若々しい顔色を保ちたければ、予防のためのスキンケアを毎日十分におこなうことが重要です。これは若いうちから絶対に必要です。というのも今日、不健康なライフスタイルを選べば、容赦なく明日の肌に悲惨な結果が現れるからです。皮膚は外側の組織で、その大部分は一生、外界にさらされます。身体の他の器官よりも早く老化するのも不思議ではありません。

　皮膚はさまざまな状況の影響を非常に受けやすいのですが、人がこれまでに遭遇した最悪の要素は太陽です。太陽は正常な老化プロセス（本来の老化）を大幅に早めます。日光に当たると皮膚は永久的に厚くなります。このプロセスは光線加齢と呼ばれ、皮膚の腫瘍や死に至る皮膚がんを避けるために、真剣に考えなければなりません。

　日焼けは見た目にはきれいですが、皮膚にとってはもっとも不健康です。日焼けサロンへ人工太陽を大量に浴びに行く、という話を聞くたびに私はあきれています。料理をする場所に行って（たとえば大きなオーブンのあるキッチンで）、毎日少しずつ自分を料理しているようなものです。

　日焼けとは、身体が焼けないように身を守ろうとした結果なのです。身体は日焼けが自分にとってよくないことを知っています。自分の身体のうち、太陽に当たっていない場所（たとえばお尻）を見れば、乾燥、肌荒れ、変色がないことに気づくでしょう。まさに、赤ちゃんのお尻のようにすべすべです。このような場所には紫外線が当たらないので、皮膚は色つやがよく、なめらかで、白いままです。波長の長い太陽の紫外線に長時間当たらなければ、この危険な光線は皮膚の層に浸透することはありません。この光線が無理やり進入してくるために、私たちが老化と呼ぶ、美容上の破壊行為が起こるのです。

　太陽の紫外線はまた、普段、皮膚をなめらかで柔軟で強い状態に保っているタンパク質を破壊します。この大虐殺はあらゆる老化の原因となります。すなわち乾燥肌、シワ、たるみ、むら、変色を生じさせ、皮膚がんを含むある種の皮膚病が進行する可能性が非常に高まります。太陽から身を守るための優れた方法をいくつかご紹介しましょう。

- ●太陽のもっとも危険な光線を避ける。午前10時から少なくとも午後3時までは直射日光を避ける。
- ●皮膚を保護するためにSPF30以上の日焼け止めをつねに塗って、紫外線を防ぐ。
- ●つばの広い帽子を被って顔を守り、有害な紫外線から目を守るための偏光サングラスをかける。

## ●水をたくさん飲みましょう

　皮膚はあなたのライフスタイルや好みを映し出します。何を身体に取り込むかが、肌の色ときめを大きく左右し、気分にも影響します。では何を身体に取り込めばよいのでしょうか。まず、第一には水です。

　水は人が生きていくうえで基本となる要素です。水は万能の溶媒で、食物の消化吸収を助けます。また、栄養分や酸素を体中の細胞に運び、一方で身体にたまった有毒物質やその他の老廃物を流し出します。1日にコップ8杯以上の水を飲みなさいと昔からいわれてきましたが、それにはちゃんとした理由があります。これだけの量の水を飲めば皮膚の色つやはよくなり、筋肉のハリと健康の維持を助けます。

　水の摂取量が少ないことは、皮膚の老化を早める主要な犯人の一つとされてきました。多くの人はソフトドリンク、お茶、コーヒー、ビール、その他のアルコール飲料を飲めば、そのうえさらに大量の水を飲む必要はないと考えています。しかし、これらの飲み物は水の代わりにはなりません。身体はこれらの飲み物を異なる方法で処理するからです。

　水の恩恵にはいろいろありますが、水は体重を減らすのにも役立ちます。水はカロリーゼロですから、効果的な食欲抑制剤として働き、たまった脂肪の新陳代謝を促して身体を助けます。研究の結果、平均身長と平均体重の比較表を見て太りすぎの人は、1日コップ8杯といわず、推奨体重を11キロ超えるごとにもう1杯ずつ水を飲んだほうがいいことがわかっています。

　十分な量の水を飲まないと、身体は水が不足していると思い込み、それを補うために水を蓄え始めます。身体に液体をためないために、水を多めに飲むようにしましょう。ペットボトル入りのミネラルウォーターは水道水よりも有毒物質の含有量が少なく、健康にいいでしょう。身体の健康は、何を飲むかで決まります。

　水の停留に関しては、アルコールも主要な犯人です。アルコールはカロリーばかりが非常に高くて栄養がなく、顔や身体のむくみの原因となり、皮膚を乾燥させます。アルコール飲料を飲むたびに水をコップ1杯以上飲んでください。水は身体が新陳代謝し、アルコールをより効率よく排出するのを助けます。

## ●身体に必要な栄養素

　身体によい栄養の摂取はフェイササイズ・プログラムにとって欠かせません。脂肪、塩分、あるいは砂糖の多い不健康な食生活を送っていると、筋肉を効果的につくるための栄養が得られませんし、フェイスラインを美しくさせるために必要なエネルギーや情熱がわいてきません。支える力のある強い顔の筋肉をつくり、すばらしく色つやのよい肌色を獲得し、老化のプロセスを本気で遅ら

せることが目的なら、栄養とサプリメントに詳しくなる必要があります。よい食事はビタミン、ミネラル、タンパク質など、身体が毎日必要とする不可欠な栄養素と成分を身体に与えてくれます。

栄養の摂取はきわめて個人的な問題です。ある人に効果的なダイエットとサプリメントが、別の人には適切でないかもしれません。食物の摂取とサプリメントのプログラムは、一人ひとりのニーズに合ったものでなければなりません。それは年齢、健康状態、ライフスタイル、身体の型、さらには心理学的特性によっても変わってきます。過敏で神経質なタイプか、穏やかなのんびり屋か、自分にたずねてみましょう。

あなたは、コップに水が半分たまったと考える前向きなタイプですか、それともコップは半分空だと考える悲観的なタイプですか？　それとも、何も入っていない大きなコップが見えますか？　栄養摂取の改善に取りかかる前に、自分自身を知ってください。これらの傾向が、どの栄養が必要かを大きく左右する場合があるのです。

毎日1～2皿の良質のタンパク質を食べてください。赤身肉、鶏肉、七面鳥、魚、卵のなかから選びます。タンパク質は皮膚の結合組織の成長と修復に必要です。食物繊維の豊富な野菜と果物は、健康なライフスタイルを送るためにはつねに安全な食品です。ですから1日5皿は食べてください。新鮮な果物や野菜に含まれるビタミンとミネラルは皮膚に栄養を与え、身体が細胞をつくり、修復するのを助けます。ビタミンC、E、Aおよびセレンや亜鉛などのミネラルが、皮膚を支えたり、結合している組織であるコラーゲンやエラスチンの破壊を防ぐという研究結果もあります。

飽和脂肪や砂糖を含む食品はできるだけ避けたほうが無難です。砂糖は女性の気分を即座に高揚させる食品とされています。しかし、覚えておいてください。上がったものは、やがて下がります。砂糖によるハイな気分から落ちていくのは楽ではありません。糖分をたくさん含む食品を食べていると、確実に体重が増えます。なぜなら、砂糖によって栄養ゼロで非常に高いカロリーが取り込まれるからです。砂糖の摂取がにきびの原因かどうかはわかりませんが、顔に被害がおよび、やつれてさえない顔色になります。

食べ物に塩で味付けする場合も注意が必要です。塩は水を停留させるので、顔や身体がむくんで見えます。塩の主な成分（ナトリウムと塩化物）は単独ではきわめて有害な物質であることをお忘れなく。ともに塩を形成することで両者は互いに中和されるのです。食べ物に塩をかけようと思ったら、そのことを思い出してください。味付けには塩の代わりにできるかぎりハーブやスパイスを使いましょう。食べ物に塩をかけなくても、身体が必要とする1日の塩分は十分とることができるのです。

*Skincare essentials*

## ●老化防止のサプリメント

1954年にデナム・ハーモン博士が提唱した理論をまず理解していただく必要があります。博士の理論は、今日の医学界ではほぼ例外なく受け入れられており、だれもが経験する老化のプロセスの核心に迫るものです。

博士は身体には「フリー・ラジカル」があると述べています。このフリー・ラジカルは不安定な酸素の分子で、消化や呼吸など、身体が基本的な新陳代謝をおこなう間、つまり人の細胞が酸素を使ってエネルギーを生成する過程にできます。

さて、この分子が老化とどういう関係があるのでしょう。じつは、老化に関するあらゆることと関係あるのです。心筋細胞の破壊、神経細胞の破壊、がん、動脈硬化、その他、健康に関する多数の退行性の病気の一因と考えられる反応を引き起こす場合があります。このハーモン博士の研究は皮肉にも、生命に関する最大の矛盾を指摘しました。

ほとんどのフリー・ラジカルは酸素をベースとしています。人が生きていくには酸素が必要なのですが、酸素はフリー・ラジカルの生成を助け、それが老化と病気の原因になるのです。

もちろん、すべてのフリー・ラジカルが有害なわけではありません。実際、なかには間違いなく有益なものもあり、私たちの身体を攻撃するウイルスやバクテリアを破壊するのに一役買っているものもあるのです。また、人の生命に必要なホルモンや酵素の生成も助けます。しかし、大半のフリー・ラジカルは私たちにとって有益ではなく、これらの敵対する侵入者に身体が負けないように、できるかぎりのことをする必要があります。

私たち自身の身体がフリー・ラジカルを生成しているという事実だけでも十分困ったことなのに、さらに悪いことがあります。大気汚染、放射能と太陽光、たばこの煙はいうまでもありません。これらすべてがフリー・ラジカルをつくります。たとえば、たばこを吸う人、あるいはたばこを吸う人が近くにいる人は、たばこの煙に含まれる恐ろしい有毒物質に注意しなければなりません。こうした有毒物質はフリー・ラジカルの増殖の一因であることを覚えておいてください。

また、太陽に当たってもフリー・ラジカルの増殖が刺激されます。外で太陽に当たるときに何の予防もしていないと、たとえごく短時間でも皮膚の分子は日光を吸収します。

これらの分子が活動を始めると、ほとんど瞬時にフリー・ラジカルに変わります。フリー・ラジカルはコラーゲンや細胞膜などの生命維持に必要な細胞の構造を攻撃し、傷つけます。この攻撃によって最終的に皮膚に小さな傷が残り、それがやがてシワに変わります。もう一度いいますが、できるかぎり日に当た

らないようにし、たばこの煙を避けてください。

イムレ・ナジという別の博士がハーマン博士の理論をさらに発展させました。ナジ博士はフリー・ラジカルが老化および老化に関連する問題の主要な原因であるという点では同意見でしたが、彼はそこから一歩先に進みました。彼は、老化によるダメージの大半は細胞の外側の層に発生するという意見を提示したのです。

ナジ博士の理論が出る以前には、ほとんどの科学者と皮膚科医はフリー・ラジカルによる主なダメージは細胞の内部で起こり、それが細胞のDNAを破壊し、老化につながると考えていました。しかし、ナジ博士は老人の細胞から採ったDNAが、90歳を超えた人のものであっても、正常に再生できることを証明しました。DNAが損なわれていないのであれば、DNAのダメージは老化の第一原因とはなりえません。

ナジ博士の研究の成果が実り、科学者たちは酸化防止剤を開発することに成功しました。これは細胞膜に浸透して、細胞の修復を助け、細胞の健康に欠かせない水分を維持する能力を高める働きがあります（水なしでは細胞は乾燥します）。

特にこの二人の博士の功績は、老化の兆候を後退させるのに役に立ちそうな治療法の開発において大変貴重であることがわかっています。

細胞が壊れたらどうしたらいいでしょうか。難しい質問です。さいわい、酸化防止剤として知られる特定の栄養剤があり、フリー・ラジカルの身体に対する攻撃による破壊を遅らせ、さらには後退させるのにきわめて効果的であることがわかっています。酸化防止剤はフリー・ラジカルが原因の日焼けによるダメージの修復を助け、皮膚がんの危険を減らすのにも役立ちます。

では酸化防止剤とはいったい何でしょう。ビタミン、ミネラル、その他一般の各種食品に含まれる物質です。上位の酸化防止剤の一部をリストで紹介しましょう。

- **セレン** セレンを多く含む食品は魚介類、肉、ブラジル・ナッツ、ツナ、全粒粉、カッテージ・チーズ、鶏肉です。セレンには酸化防止剤の特徴があるだけでなく、不安をやわらげる効果があります。
- **ベータカロチン** ほうれん草、人参、さつまいもなどの黄緑色野菜はベータカロチンを豊富に含みます。この酸化防止剤を大量に摂取すると、肺、口、のど、食道、喉頭、胃、胸、膀胱のがんの危険が減らせるようです。
- **ビタミンC** すべての果物と野菜に含まれますが、特に柑橘系の果物、ブロッコリー、緑と赤のピーマン、いちごからとるとよいでしょう。93歳まで生きたノーベル賞受賞科学者のライナス・ポーリングによると、1日3,200〜12,000mgのビタミンCをとることで、寿命を12〜18年延ばせるそうです。
- **ビタミンE** ピーナッツ、アーモンド、ヒマワリ、ごまなどのナッツ類、および小麦麦芽はどれもビタミンEを豊富に含んでいます。心臓疾患の防止におけるビタミンEの役割に関するハーバード大学の論文の著者、エリック・リム博士は「ビタミンEを取らないことの危険性は、喫煙の危険性に匹敵する」といっています。
- **その他の酸化防止剤** ビタミンB12、ビタミンA、葉酸、ピクノジェノールも、有益な酸化防止剤です。松の樹皮の抽出物であるピクノジェノールは本書を書いている時点でもっとも強力な酸化防止剤と考えられており、環境汚染による有毒物質に対して非常に効果があることがわかっています。研究によって、ピクノジェノールはビタミンCの20倍強力であることが示されました。ピクノジェノールはビタミンCを活性化させ、身体から排出される前に思いきり働かせます。

> **注意！** *cautions*
> 生化学的特徴は人によって異なるので、酸化防止剤のサプリメントをとり始める前に栄養士に相談するのが賢明です。いうまでもないことですが、妊娠中の女性はビタミン、ミネラル、あるいは栄養補助食品をとる前に必ず、医者に相談してください。

## ●エクササイズと深呼吸

深呼吸は穏やかな(けれど効果的な)エアロビクス・エクササイズです。フェイササイズと同じで、深呼吸はどこにいてもできます。車を運転中、机に向かいながら、エレベーターの中、あるいは家事をしながらでもできます。深呼吸は心拍数を高め、より多くの新鮮な血液を体中に送り出します。心の中をマッサージするようなヨガの深い呼吸法をすれば、穏やかで活力にあふれる気持ちになれるでしょう。

私たちはたいてい、肺の上のほうだけを使って短く浅い呼吸をしていますが、深呼吸は、おなかにある横隔膜を使って呼吸します。深呼吸の方法はやり方を学ばなければなりません。

では、そのやり方を説明しましょう。肩の力を抜いてまっすぐに座ります。前かがみになってはいけません。鼻から息を吸い込みます。深く呼吸して肺に

ゆっくりと空気を満たします。息を吸いながら、胸郭(きょうかく)の下のほうを広げるようにしてください。やがて、空気が肺の上のほうに移動するのがわかります。呼吸の最大量に達したら（はじけそうに感じたら）、10秒間息を止めます。その後、口からゆっくりと息を吐きます。力を抜いて4回普通に呼吸します。この手順を10回繰り返します。深い呼吸はエネルギーを高め、皮膚の色つやをよくするための、有益で効果的な方法です。

## ●スキンケアの基礎

基本的に、肌にはノーマル、オイリー、ドライの3つのタイプがあります。ほとんどの人はこれらを組み合わせた肌質をしています。たとえば、ノーマル肌で、中央の一部にオイリーな場所があるというように。皮膚は老化を始めると同時に、衰え始めるということを忘れないでください。したがって、スキンケアの手順もそれに応じて変える必要があります。

### *ノーマル肌

ノーマル肌は良好な筋肉のハリ、弾力性、最適な水分含有率と、よいことが揃っています。ノーマル肌は柔らかく、ふっくらとして潤いがあり、健康的な色をしています。この肌質の人は朝晩2回、洗顔して、肌を保護するモイスチャライザーを使い、日中はSPF30以上の日焼け止めを使いましょう。夜は保湿クリームを塗って、寝る前に疲れた肌を若返らせてください。

### *オイリー肌

オイリー肌は普通遺伝性で、皮脂腺の活動が活発なことが原因です。多くの場合、油ぎって光った、なんとなくたるんだ肌でわかります。オイリー肌の人は不潔な印象を持たれてしまうこともあります。毛包皮脂腺に油がたまるために、毛穴が開いて見えるかもしれません。あごの先や額ににきびができる場合もあり、触ると油っぽい肌をしています。

暑さと湿気はオイリー肌の問題を複雑にします。オイリー肌で、高温多湿な土地に住む人は、肌がいっそう油っぽいはずです。だからといって刺激の強い石鹸を使ったり、アストリンゼントやスクラブを使いすぎると、オイリー肌は悪化してしまいます。酵素や植物性製品などの角質除去製品を使うと、油分を調整し、オイリー肌の見た目ときめの改善に効果的です。

この肌質の人は特に気をつけて、朝と晩にしっかりと（でも優しく）洗顔しなければなりません。湿潤剤を含むモイスチャライザーで、肌が必要とする柔軟性と水分が保てます。「私はオイリー肌だから」と、モイスチャライザーは使わなくていいと考えている人がいますが、私はそのような人に、肌はオイリーでも水は必要だとお教えしています。ノーマル肌にはこの二つの成分が揃っているのです。また、日焼け止めも忘れてはいけません。オイリー肌の人の中に、日焼け止めは必要ないと誤解している人が意外とたくさんいるのですが、それ

は間違いです。必ずSPF30以上の日焼け止めを使ってください。

**＊ドライ肌**

　ドライ肌の人は皮脂腺の活動があまり活発でなく、皮膚に適度な水分を与えるのに必要な分泌がありません。ドライ肌は老化の副産物でもあります。歳をとるにつれて身体の活動が衰え、脂肪分泌腺の活動も衰えるからです。ドライ肌は、必要な油分が足りず、水分を保つことができません。皮膚の油分は、水分の喪失を防ぐための自然のバリアとして働くからです。ドライ肌の特徴は、きめが細かく、繊細で、薄い皮膚に表面的な小ジワがあります。シワのできやすい肌質です。

　ドライ肌の問題は日焼けや不適切なスキンケアで悪化します。ドライ肌のための適切なケアとしては、油分の多いモイスチャライザーとSPF30以上の日焼け止めで昼も夜も肌を保護することです。正しい洗顔は必要ですが、1日1回にしましょう。夜寝る前が最適です。洗顔しすぎると皮膚に残ったわずかな自然の油分まで洗い落とされて、さらに水分が失われ、ドライ肌の問題が悪化します。油分の多いクリーミーな洗顔クリームを使い、皮膚を清潔に、柔らかく保ちましょう。

## ●スキンケアの秘密

　以下に健康な肌のためのテクニックと最適なスキンケア製品を購入する際のヒントを紹介します。

**＊ドライ・ブラッシング**

　この方法はヨーロッパでもっとも古く、もっともよく知られたビューティ・スパの一つ、バーデン・バーデンで生まれました。これは私が知っている中で、私の皮膚を回復させ、栄養を与えるのにもっとも効果的でした。

　お風呂またはシャワーを使う前に、乾燥させたサイザルアサでつくった繊維の手袋を使います。円を描く動作で、足の裏から上へと身体をマッサージし、繊維のひもを揺すりながら足首から肩まで背中をこすります。ひもとグローブは1週間に1度すすいで、一晩よく乾かします。

　血液の循環を刺激し、死んだ皮膚細胞を取り除くことで、この毎日のトリートメントはあなたを元気にし、リンパ系を活性化させ、皮膚から有毒物質を取り除くのを助けます。乾燥状態の角質を除去することで、肌は健康的なピンク色の輝きと柔らかいなめらかさを取り戻し、生き生きとすることでしょう。さらにありがたいことに、お金がかからず、この方法を毎日続ければボディーローションが必要ないので、その分のお金まで節約できるのです。良質のサイザルアサの繊維の手袋なら、1年はもちます。

**＊角質除去**

　角質除去（死んだ皮膚を落とすこと）なしでスキンケアは完結しません。植

物性の酵素マスクを使った普通の角質除去は、古い皮膚細胞を取り除くことで新しい細胞を外に露出させます。酵素をすすいで落とすと、死んだ組織が皮膚から流れ出ます。

　私の経験では、もっとも効果のある酵素マスクにはタンパク質、リボ核酸、L-リシン、プロリンが含まれています。これらの成分が皮膚を洗い、皮膚に浸透して、表皮を引き締めます。良質の酵素マスクは皮膚を収縮させ、ハリを与え、引き締めながら、毛穴から不純物を取り除いてくれるのです。

### ＊夜間にできるシワを防ぐ

　もっともよく耳にする不満で、ほとんど毎日のように聞くのですが、私はそれを「起きたときの顔のシワ症候群」と呼んでいます。なかには起きてすぐに鏡を見て、本当にぞっとする人もいるようです。これは顔を枕にうずめて寝ていることが原因です。ほとんどの人は寝ている間にそれほど動き回っているとは思わないようですが、研究によれば多くの人が、シータ状態からレム睡眠へと移行し、また元に戻る間に、かなり寝返りを打っているそうです。

　夢をコントロールすることはできませんが、寝相をコントロールすることはできます。まずは、頭の下に枕を置かずに寝る習慣をつけるとよいでしょう。最初は寝心地が悪いかもしれませんが、あまり動き回らずに夜ぐっすり眠るための、もっともよい方法です。何かほしければ、ネックロールを使うとよいでしょう。ですが、枕は膝の下に置いて、まっすぐ仰向けに寝てください。これで夜間の寝返りは間違いなく減り、健康的で有益な睡眠を十分に取れます。そして、起きたときに顔の「枕のあと」もなくなるでしょう。

　夢を見るとき、私たちは顔を動かします。眉をひそめたり、笑ったり、しかめ面をしたり、日中と同じように顔を動かしています。額、あるいは眉間のシワを減らすには、休む前に深いシワの上に外科手術用テープを貼るのもよいでしょう。あまり魅力的な顔ではなくなりますが、ここで決心しなくてはいけません。寝ている間と起きているときと、どちらが魅力的でありたいですか？　難しい質問ですか？　そうでもありませんね。朝起きてなめらかになった肌を見たら、すぐに決心がつくはずです。私は日常的に、毎晩床につく前に眉間にテープを貼っています。起きたときの顔が好きですから。

### ＊経皮的製品および酸素を使った製品

　皮膚を助ける製品の中で私がもっとも価値があると思うのは「経皮的」（すなわち皮膚に浸透する）な性質を持つ製品です。皮膚に浸透することで製品はしばらくの間、皮膚内に蓄えられ、表皮内にある細胞や腺の機能に好ましい影響を与えます。良質な経皮的製品を探すには、皮膚科の先生、あるいは資格を持ったエステティシャンに相談してください。

　一部の化粧品メーカーは、「酸素を含む」乳液は実際に皮膚に浸透し、ビタミンAおよびBなどの他の栄養素を直接皮膚細胞に送り込んで、修復すると主張

しています。酸素はエネルギーを生み、身体をつねに若返らせるためのすばらしい手段ですから、酸素を含む化粧品は現在の化粧品市場でよく宣伝されています。酸素を使った化粧品の主な活性成分は、メディカルグレードの過酸化水素です。にきびなどの皮膚の問題を引き起こすバクテリアは、酸素の多い環境では生きられません。このことはすなわち、酸素は皮膚の上でも中でも、抗菌物質として機能することを示しているということです。

私がよく使う酸素を使った化粧品の一つは、過酸化水素溶液（3%）です。瓶に入った過酸化水素溶液をプラスチックのスプレー容器に入れます。朝、顔に吹きかけると、見た目も気持ちもリフレッシュできます。長い一日が終わったあと、過酸化水素溶液の小瓶を1瓶お風呂に注ぐと、体中、美顔術を受けたような気分になれます。過酸化水素溶液のお風呂は、時差ボケにも大変効果的です。ですが、注意してください。過酸化水素液はそのままだと漂白剤です。

**＊最近の製品**

最近、私は高級デパートで、最新の「ミラクル・クリーム」といった製品が目立つことに気づきました。いつものように、私は好奇心にかられて、これらの製品の効能書を読み始めました。すると、きれいな色の容器に入った一つの製品が、私の目に飛び込んできました。中の成分について読んでいると、販売員の女性が来て、そのクリームが私の顔にもたらしてくれるというあらゆる奇跡について説明し始めました。中身は特許を取った銅ペプチドの化合物だそうです。やけどの犠牲者、ひどいにきびに悩んでいる人、その他の不運な人に対して試験済みだとのことでした。

「ダメージを受けた皮膚を治し、これらの人々のコラーゲンを補給できたのですから、あなたにどんな効果をもたらしてくれるか、想像してみてください」と彼女はとても熱心でした。私はその製品を買いませんでしたが、店をあとにしながら「でも、普通の人は、何がただの宣伝文句で何が真実かをどうやって判断すればいいのかしら」と考えました。

スキンケアは今や一大ビジネスだというのが現実です。新しい製法の製品が次々に登場します。老化防止のためのスキンケア製品の売上げは、1999〜2000年に25%伸び、本書を書いている時点では、化粧品ビジネスでもっとも急成長している分野です。

では製品に効果があるのかどうか、どうしたらわかるのでしょうか。サンフランシスコの皮膚科医リチャード・グロガウ博士によれば、「買い手が危険を負担する」しかないのです。買い物をするときは注意してください。このことを心に留めていただいたうえで、今後あなたが購入する商品に増えそうな製品名を以下に紹介します。すでになじみのある製品もあるかもしれませんが、説明を添えました。

- **アルファ・ハイドロクシ、ベータ・ハイドロクシ** 処方箋の必要なものと必要でないもの、2種類の強さのものが入手できます。これらの酸は死んだ皮膚細胞を取り除き、新しくハリのある皮膚を露出させます。
- **銅ペプチド** 皮膚の若返りとシワの除去に効果があると考えられています。
- **フラーレン** 水溶性のフラーレン（フットボールのような形の炭素の球体）はスキンケアに興味深い可能性があることを示しています。リポソームやナノソームよりはるかに小さく、コラーゲンのためのブロックをつくり、スキンケア成分のすばらしい運び手であり、もっとも重要な点として、フリー・ラジカルの有力な除去成分となることが約束されています。
- **カイネチン** 広葉樹の葉で見つかった老化防止剤です。初期の研究で、しみ、小ジワ、肌荒れなど、日焼けによるダメージの兆候をやわらげるのに役に立つことが示されています。
- **重水** 酸化ジューテリウム（D2O）は、少数の塩水湖および深海にある希少な水です。通常の水と飲み心地や味は同じですが、10％重く、名前はそこから来ています。重いために蒸発しにくく、ゆっくりと渇くため、スキンケア製品に使えるのです。
- **レチノール** ビタミンAから派生した物質で、処方箋の必要なものと必要でないもの、2種類の強さのものが入手できます。コラーゲンを形成し、皮膚にハリを与えるエラスチンを再生するとみられています。
- **スピン・トラップ剤** 私たちを早く老化させようという闘いでフリー・ラジカルが優位に立ちそうなまさにそのとき、科学者たちは新しい物質を発見しました。この物質のおかげで科学者たちは、老化に逆らう闘いで流れを変えるための一流選手を集めることができました。このチームの新しいメンバーは「スピン・トラップ剤」と呼ばれる、知的な酸化防止剤です。これはニトロンをベースとする物質で、フリー・ラジカルをつかまえて、それを調査し、それらが皮膚細胞にダメージをもたらすのをもっとも効果的に防ぐ方法を判断します。また、この物質は抗炎症性の特性を持っているらしく、皮膚を老化させる要因に対する強力な武器となります。スピン・トラップ剤は皮膚が健康を保つのを助けるうえで、大きな可能性を秘めています。

## ●日焼けによるダメージ

科学者はすばらしい新物質を使っては老化防止に貢献し続けていますが、私が本書を通じてつねに強調していること、つまり老化の兆候の大半は日焼けによるダメージが原因だ、ということを意識してください。とにかく日光は避けましょう。外出するときは、日が高い時間には少なくとも日陰にとどまり、たとえ日陰にいてもSPF30以上の日焼け止めを塗ってください。アリゾナ大学の皮膚病学者ノーマン・レバイン博士は、「シワの防止という点では、薬局で売られているどんな商品も、日焼け止めの使用にはかなわない」といっています。

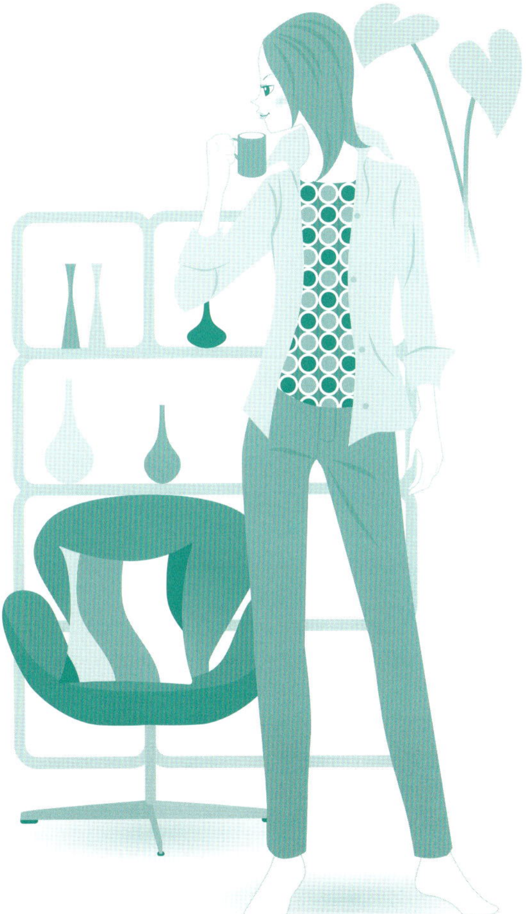

# Chapter 8

## *A final word*

# おわりに

　心を消耗させるのはもったいないことです。もちろん顔だって同じです。そして、あなたとあなたが手に入れるべき顔の間に立ちはだかっているのは、あなたの心だけです。しばらく、この点について考えてみましょう。あなたのライフスタイル、食習慣、運動（あるいは運動不足）、そして、忙しい一日にあなたがしている他のいろんなことを思い浮かべてみてください。これらはすべて、あなたの容姿に影響します。

　私たちはだれでも自分の容姿を本当に気にしているのですから（自分に正直になりましょうね）、見た目をよくし、長期的に見て自分のためになる場所に、より大きな変化をもたらしてみてはどうでしょう。

　私がこれまでに紹介したエクササイズ、説明したヒントはすべて、あなたの肌と顔のためになるようにできているのです。私はこれまで一日も欠かさずに肌を大事にしてきました。なぜなら、新しく若い肌と交換したいとあとからいくら思っても、それはもうできないからです。手持ちのカードで勝負するしかないのです。でも、どのカードをキープし、どのカードを捨てるかを選ぶことはできます。フェイササイズはまさにそのカードなのです。私が本書であなたに紹介したテクニックを使えば、ゲームをうまく運び、勝利を手にすることができます。

　私は長い間、フェイササイズを提唱し、教えてきました。世界中

のあらゆる職業の大勢の人に会ってきました。彼女たちがフェイササイズを毎日の生活に組み込むことで、顔だけでなく人生までもが本当にすばらしい、ときには奇跡的な変化を遂げるのを私は見てきました。

10分少々のエクササイズを1日2回やるだけですから、1日のうちそれほど長い時間を割くわけではありません。慎重にわずかな投資をするだけで、すばらしい配当が得られるのです。なんといっても、1990年にマイクロソフトやデル・コンピュータに5000ドル出資すれば、10年後に何千万ドルにもなったのです。その「小さな」投資は価値があったと思いますか？　ご自分で判断してください。

フェイササイズは世界中を回るすばらしい旅に私を連れ出してくれました。私がずいぶん前に、カリフォルニア州モントレーでスキンケア・クリニックを開業してから、はるか遠くに来たものです。私はこの旅のすべての瞬間を大事にしてきました。この旅は私にとってこれからも永遠に続きます。

私は最初の本で、私の好きな言葉を引用しました。それは古いことわざで、"When the student is ready, the Master appears"（学ぶ用意ができたときに、先生は現れる）というものです。用意のできた世界中の生徒のために、フェイササイズは準備を整えています。自分と自分の顔にとって本当にためになることを始めるのに、けっして遅すぎるということはありません。あなたの顔なのですもの。最高の状態にしてあげましょう。

励ましが必要になったら、本書で紹介した、フェイササイズをする「前」と、フェイササイズをした「後」の写真をもう一度見てください。これらの衝撃的な写真は、プログラムを続けるための励みにきっとなるはずです。フェイササイズは多くの女性たちの人生を永久に変えました。私の人生も、間違いなく変わりました。あなたにだって同じことが起こるかもしれません。

# 監訳者あとがき

　私がキャロル・マッジオの「フェイササイズ」のトレーナーになって、かれこれ10年になります。キャロルに出会う前の私は、額と眉間に深いシワがあり、上下のまぶたが重く、疲れて眠そうな顔をしていました。顔の膨らみを失い始めていて、老け込んだ凸凹のない状態でした。

　キャロル同様、私もエステティシャンをしていましたが、サロンのトリートメントを受けても改善しません。「どうしてなの？」。プロなのに考えてもわからず、先輩に聞いても原因は漠然としていて、結局「老化」で片づけられてしまいます。でも、今ならはっきりと理由がわかります。顔の筋肉です。

　「深いシワ」はほとんどが表情ジワで、自分の日々の表情が作り出したものです。私の場合、額の筋肉ばかりを使っていたため、まぶたの筋力が低下して垂れ下がり、細く小さな目になっていました。また、歯列矯正の器具を人に見られるのがいやで歯を見せて笑わなかったため、笑い方を忘れて筋肉が休止してしまった頬は、膨らみをつくるべき筋肉が伸びて細くなっていました。

　それが、フェイササイズを始めて4日過ぎたあたりから、私の顔に明らかな変化が現れてきました。上まぶたが大きく開いた目には輝きが戻り、あの深く刻まれていた額のシワも消えてなくなりました。頬が持ち上がったため口角がキュッと上がり、表情も明るくなりました。

　会う人ほとんどが、私の顔をまじまじと見るようになり、親しい人からははっきりと「何かしたの？」と聞かれます。こんな愉快なことはありませんでした。

*

　フェイササイズを始める前に、私からいくつかアドバイスがあります。
　まず、キャロルが述べているように、自分の顔を客観視することが重要です。よく観察して、どこにシワやたるみが目立つかを見きわめて、それから表情のチェックをしてください。ぜひ試してほしいのが、「3日間、電話で話している自分の顔を鏡で見る」ことです。きっといろいろな発見をして驚くはずです。それからどの部分をどうしたいのか、明確な目標を立ててエクササイズのプログラムをつくり、実行してください。

どんなふうに顔をつくり変えるか、それを頭でイメージすることは筋肉を鍛えるためにとても重要です。フェイササイズの最大の特徴は「皮膚にたるみやシワをつくらずに筋肉だけを動かす」ことですが、これは簡単なことではありません。でも、頭で筋肉が動くイメージを描けば、徐々にできるようになるはずです。

　鍛えたい筋肉に対し、他の筋肉に力を入れて引っ張り合いながら負荷をかけて運動するのがフェイササイズです。そのとき、皮膚を完璧に伸ばし、顔にラインをつくらずにおこなうのがポイントです。

　たとえば、頬を高くするエクササイズでは、頬の筋肉と口のまわりの筋肉が引っ張り合って頬骨筋が強く鍛えられ、燃焼を感じることができるでしょう。額や目のエクササイズでは筋肉と指が引っ張り合います。口角や唇など、力を入れた状態をキープするエクササイズでは、途中で力が抜けないようにつねにエネルギーを膨らませるようにしましょう。

「上手にできない」「皮膚にシワが残りそうで怖い」などという心配はまったく無用です。初めから上手にできる人などひとりもいませんし、気になる部分ほど筋力が低下しているため、最初は力が入りにくいのです。キャロルも私も長年エクササイズをおこなってきましたが、シワシワにはなっていませんからご安心ください。

　この一見ユニークなメソッドは、他では得られない効果を実際にあなたの顔にもたらします。運動を黙々と実行するには努力が必要ですが、続けていくうちにどんどん変化していく自分の顔に驚き、それに比例して楽しくなってくるはずです。そうなって初めて、この本がどれほど高い値打ちがあるかおわかりいただけると思います。

　10年後、同年代の人たちと比べ、どれほど差が出ているか、期待してください。忘れないで！　老化に対抗できる唯一の方法がこの「フェイササイズ」なのです！

大杉みつえ

◆監訳者紹介◆1966年生まれ。十数年のエステティシャン活動のなかでキャロル・マッジオに出会い師事。渡米しフェイササイズテクニカルアドバイザーのライセンスを取得。1992年に東京麻布十番にサロンを開設（電話03-5410-0812）。以来さまざまな女性の悩みを解消する傍ら、顔面麻痺・神経痛のリハビリといった医療分野や、モデル・女優などのパーソナルトレーナーとして活躍中。

## キャロル・マッジオ

エステティシャン、スキンケア・スペシャリストとして、みずから考案したフェイササイズを世界中の人々に指導。フェイササイズは美容整形の代わりとして広く受け入れられ、国際的なメディアで幅広い注目を集める。クライアントのなかには、ファッション・デザイナーや映画スター、ロック・ミュージシャン、さらには王室関係者も。カリフォルニア州レドンド・ビーチ在住。

フェイササイズは『Harpers & Queen』誌で世界トップ100の美容法に選ばれ、キャロルはフェイシャル・エクササイズにおいて世界一流の権威とみなされています。

ビデオ、プライベート・クラス、セミナー、あるいは美容製品について知りたい方は、1-800-597-3555または1-310-540-8048にお電話ください（英語のみ）。英文のファクスは1-310-540-0581で受け付けています。

公式ウェブサイト：facercise.com

Eメール：cmaggio@mminternet.com

住所：Carole Maggio Facercise, Inc. 409 N. Pacific Coast Highway #555
　　　Redondo Beach, Ca. 90277 USA

---

### フェイササイズ　自分でできるフェイシャル・エクササイズ

2002年12月16日　　　初版第1刷発行
2004年7月1日　　　　初版第8刷発行

著　者　キャロル・マッジオ　Ⓒ Carole Maggio. Printed in Japan, 2002
監　訳　大杉みつえ
発行者　栗原幹夫
発行所　KKベストセラーズ
　　　　〒170-8457　東京都豊島区南大塚2-29-7
　　　　電話（03）5976-9121（代表）　振替00180-6-103083
　　　　http://www.kk-bestsellers.com/
訳　者　山田聡子・伊達尚美
モデル　山崎めぐみ（スターダストプロモーション）
カメラ　斉藤克己
ヘアメイク　里美（PRISCILLA）
イラスト　小野塚綾子
装　幀　斉藤よしのぶ
DTP　新有朋社
印刷所　錦明印刷
製本所　明泉堂
ISBN4-584-18715-0　C0077

定価はカバーに表示してあります。乱丁・落丁本がございましたらお取り替えいたします。
本書の内容の一部あるいは全部を無断で複製複写（コピー）することは、法律で認められた場合を除き、著作権および出版権の侵害になりますので、その場合はあらかじめ小社あてに許諾を求めてください。